北海道内唯一の
寺子屋・こども
論語塾

日《ひ》に日《ひ》に新《あら》たに
亦《また》楽《たの》しからずや

学而第一から郷党第十までの
心に響く30章

寺子屋・こども論語塾主宰
新田　修　著

共同文化社

はじめに

二〇一〇年（平成二二年）十二月に寺子屋・こども論語塾を札幌の地で開塾し、まもなく五周年を迎えます。その節目の年に、私の人生の集大成として本の出版を決意しました。

『論語』に関しては門外漢であった私が、論語塾を開きたいと思うようになった動機は、東京都文京区で安岡定子先生が展開されていた寺子屋方式による「こども論語塾」を視察したことです。そこに集うこども達の生き生きとした姿に接し、私のめざしていた論語塾の形を見出すことができ、それを契機に私の構想が具現化したのです。

戦後、物質的には充分恵まれてきた日本ですが、他方、先祖を敬う心や親への尊敬の念といった日本の伝統文化が軽視されていることに危惧を抱き、以前から関心のあった孔子の『論語』に真正面から向き合うようになりました。そこで説かれる「思いやりの心」や「師弟の規範意識の大切さ」を是非ともこども達に伝えたかったのです。自らも学びながら、塾の参加者に少しでも分かりやすく、また興味をもってもらえるように工夫した補助テキストの作成にも力を注ぎ、今日に至っています。

この度、これまでに論語塾で取り上げた章句のうち、学而第一篇から郷党第十篇の中で塾生に好きな章句を選んでもらい、最終的に私が判断して三十章を採用し編集しました。

この本の特徴はいろいろありますが、先ず「書き下し文」・「原文」・「訓点文」の三文を載せたことです。また、訳に関しては大人向けとこども向けの二種を用意し、どの年齢層の読者にも対応できるように配慮しました。ホッと一息つけるような一口知識をそれぞれの章に配し、主に大人向けには「私のひとり言」と称して、その章句で言わんとしていることにスポットをあてながらも私の思いを書き添えました。お読みくださった方々の心に残れば望外の喜びです。

私は思うのです。『論語』を読んでも、今は幼児には言葉の意味は分からないでしょう。でも、言葉は心に長くとどまり続けるものです。こども達は人生を歩むにつれ、言葉を反芻《はんすう》し、自ら意味を見出すに違いありません。

私の残された人生を『論語』の心を伝えることに費やしたいと願っています。

新田　修

寺子屋・こども論語塾

日に日に新たに亦楽しからずや

目次

コラム

『論語《ろんご》』について

『論語《ろんご》』とは、孔子《こうし》が生前《せいぜん》に語《かた》った言葉《ことば》や日常《にちじょう》の行《おこな》い、また、弟子《でし》の質問《しつもん》に答《こた》えた話《はなし》などをその当時《とうじ》の弟子達《でしたち》が書《か》き留《と》めておいたものを、孔子《こうし》の死後《しご》約《やく》300年近《ねんちか》くかけて何代《なんだい》もの弟子達《でしたち》によって現在《げんざい》の形《かたち》にまとめられた孔子《こうし》の人柄《ひとがら》や思想《しそう》を知《し》る上《うえ》で最《もっと》も重要《じゅうよう》な書物《しょもつ》です。なお、当時《とうじ》紙《かみ》はなく竹《たけ》を切《き》って薄片《はくへん》（うすいかけら）を作《つく》り、竹簡《ちくかん》（細長《ほそなが》い竹《たけ》の札《ふだ》）に文字《もじ》を書《か》いたのです。

『論語《ろんご》』は20篇《ぺん》・およそ500章《しょう》で構成《こうせい》されています。およそというのは、どこで区切《くぎ》るか、どこを結《むす》びつけるかで異《こと》なるため。篇《へん》は学而第一篇《がくじだいいっぺん》から尭曰第二十篇《ぎょうえつだいにじゅっぺん》まであり、篇名《へんめい》は篇《へん》の内容《ないよう》を表《あらわ》すのではなく、単《たん》に篇《へん》の最初《さいしょ》の2文字《もじ》、または3文字《もじ》をとったもの。

『論語《ろんご》』の魅力《みりょく》は、各章句《かくしょうく》がそれぞれ独立《どくりつ》していて、どこから読《よ》んでもかまわないと言《い》う点《てん》です。また、孔子《こうし》の思想《しそう》のキーワードは「仁《じん》」（思《おも》いやり）であり、人《ひと》としての理想的《りそうてき》な生《い》き方《かた》についてのシンプルなルールを学《まな》ぶことができます。

孔子《こうし》について

孔子《こうし》は今《いま》から約《やく》2500年前《ねんまえ》（日本《にほん》では、縄文時代《じょうもんじだい》の終《お》わり頃《ころ》にあたる）の春秋時代《しゅんじゅうじだい》、中国《ちゅうごく》の魯《ろ》の国《くに》に生《う》まれた教育者《きょういくしゃ》・思想家《しそうか》・政治家《せいじか》です。

幼少《ようしょう》のころに両親《りょうしん》を亡《な》くしたため家《いえ》は貧《まず》しかったのですが、こどものころからよく勉強《べんきょう》に励《はげ》み、魯《ろ》の国《くに》に仕《つか》え低《ひく》い身分《みぶん》から後《のち》に大司寇《だいしこう》（現在《げんざい》の法務大臣《ほうむだいじん》か）となって、魯国《ろこく》の政治《せいじ》を改革《かいかく》しようとしました。しかし、反対派《はんたいは》との政争《せいそう》に敗《やぶ》れ、魯《ろ》を出《で》て諸国《しょこく》を歴訪《れきほう》して自分《じぶん》の考《かんが》える理想《りそう》の政治《せいじ》の実現《じつげん》をめざしたのですが、結局《けっきょく》、どこも受《う》け入《い》れるところはなく、晩年《ばんねん》、魯《ろ》に戻《もど》って弟子達《でしたち》の教育《きょういく》や「詩経《しきょう》」「書経《しょきょう》」などの古典《こてん》の整理《せいり》に尽力《じんりょく》し、「春秋《しゅんじゅう》」を著《あらわ》しました。

また、孔子《こうし》はよきリーダーとなるためには、人間《にんげん》としての徳《とく》を身《み》につけ、そのための努力《どりょく》を怠《おこた》ってはならない、としばしば説《と》いています。

なお、孔子《こうし》の「子《し》」は尊称《そんしょう》（敬意《けいい》を表《あらわ》す呼《よ》び名《な》）で、先生《せんせい》という意味《いみ》。つまり、孔先生《こうせんせい》ということ。人《ひと》には姓《せい》があり名《な》があります。「孔《こう》」は姓《せい》で名《な》は「丘《きゅう》」、字《あざな》は「仲尼《ちゅうじ》」。本名《ほんみょう》は孔丘《こうきゅう》。

この本《ほん》を読《よ》むにあたって

❶

「書《か》き下《くだ》し文《ぶん》」です。「書《か》き下《くだ》し文《ぶん》」とは原文《げんぶん》（❸を参照《さんしょう》）を日本語《にほんご》の語順《ごじゅん》に合《あ》わせて漢字《かんじ》・仮名交《かなま》じり文《ぶん》に直《なお》したものです。音《おと》の響《ひび》きとリズムを楽《たの》しみながら大《おお》きな声《こえ》で読《よ》んで見《み》ましょう。

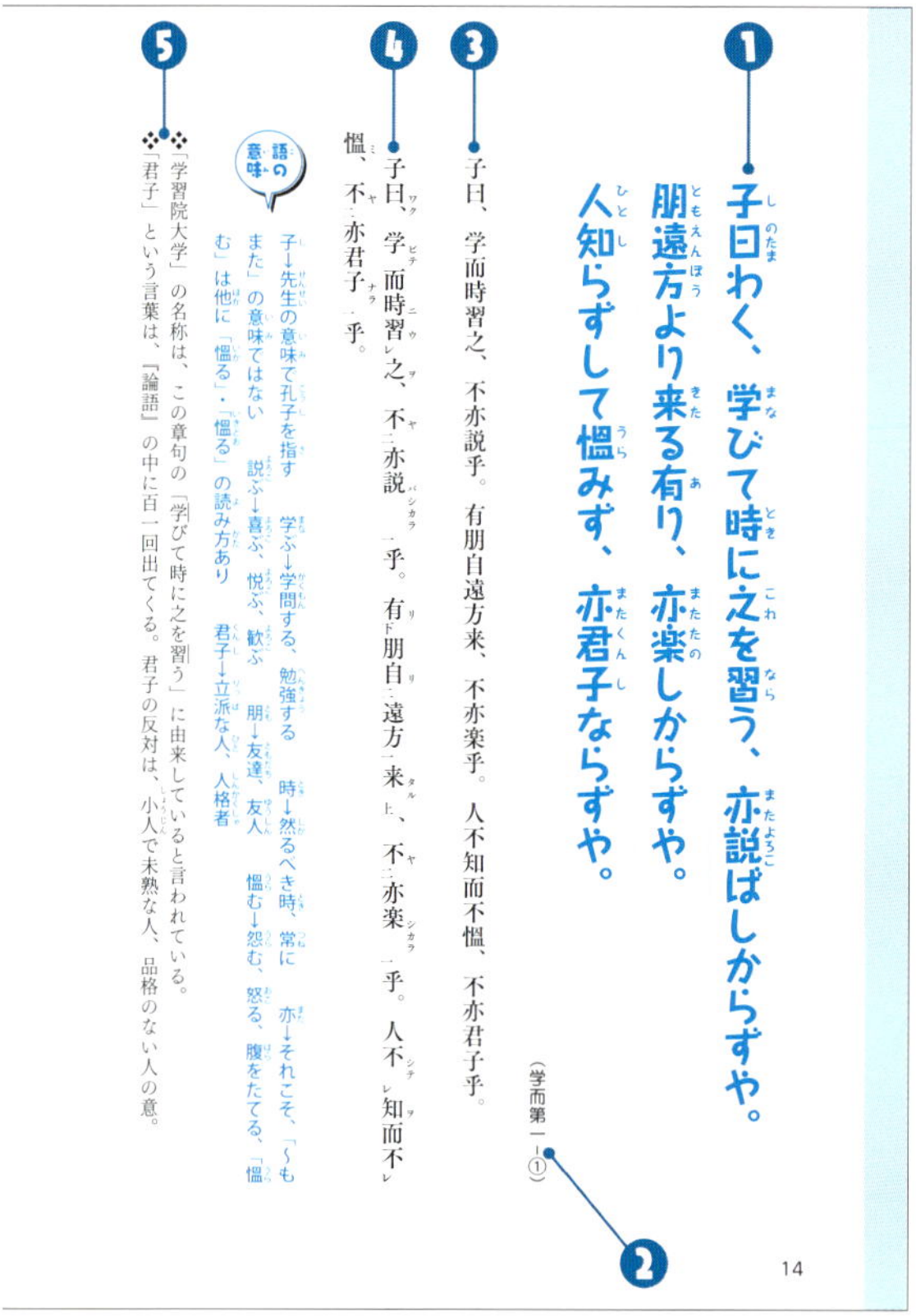
❶
子曰《しのたま》わく、学《まな》びて時《とき》に之《これ》を習《なら》う、亦説《またよろこ》ばしからずや。
朋遠方《ともえんぽう》より来《きた》る有《あ》り、亦楽《またたの》しからずや。
人知《ひとし》らずして慍《うら》みず、亦君子《またくんし》ならずや。
❷
（学而第一—①）
❸
子曰、学而時習之、不亦説乎。有朋自遠方来、不亦楽乎。人不知而不慍、不亦君子乎。
❹
子曰《ワク》、学《ビテ》而時習《ニウ》レ之《ヲ》、不《ヤ》二亦説《バシカラ》一乎。有《リ》ド朋自《リ》二遠方一来《タル》上、不《ヤ》二亦楽《シカラ》一乎。人不《シテ》レ知而不《ヲ》レ慍《ミ》、不《ヤ》二亦君子《ナラ》一乎。
語《ご》の意味《いみ》
子《し》→先生《せんせい》の意味《いみ》で孔子《こうし》を指《さ》す　学《まな》ぶ→学問《がくもん》する、勉強《べんきょう》する　時《とき》→然《しか》るべき時《とき》、常《つね》に　亦《また》→それこそ、「〜もまた」の意味《いみ》ではない　説《よろこ》ぶ→喜《よろこ》ぶ、悦《よろこ》ぶ、歓《よろこ》ぶ　朋《とも》→友達《ともだち》、友人《ゆうじん》　慍《うら》む→怨《うら》む、怒《おこ》る、腹《はら》をたてる、「慍《うら》む」は他《ほか》に「慍《いか》る」・「慍《いきどお》る」の読《よ》み方《かた》あり　君子《くんし》→立派《りっぱ》な人《ひと》、人格者《じんかくしゃ》
❺
❖「学習院大学」の名称は、この章句の「学びて時に之を習う」に由来していると言われている。

❖「君子」という言葉は、『論語』の中に百一回出てくる。君子の反対は、小人《しょうじん》で未熟な人、品格のない人の意。

14

❷

『論語《ろんご》』は20篇《ぺん》から成《な》っていて、それぞれの篇《へん》は数章《すうしょう》に分《わ》かれています。カッコの中《なか》の「学而第一《がくじだいいち》」は篇名《へんめい》で「①」は章《じょう》の順序《じゅんじょ》を表《あらわ》したものです。

❸

「原文《げんぶん》」または「白文《はくぶん》」です。漢字《かんじ》だけで書《か》かれた『論語《ろんご》』の元《もと》の姿《すがた》です。

❹

「訓点文《くんてんぶん》」または「訓読文《くんどくぶん》」です。原文《げんぶん》（白文《はくぶん》）に日本語《にほんご》の語順《ごじゅん》を示《しめ》す返《かえ》り点《てん》や送《おく》り仮名《がな》、句読点《くとうてん》を加《くわ》えた文《ぶん》のことです。

6 訳

先生がおっしゃった。「学んだことは然るべき時によく復習する。それが自分の身に付いて理解が深まる。それこそ、人生の悦びではないか。志を同じくする友達がいて、遠くから訪ねて来てくれる。何と楽しいことではないか。他人が自分のことを認めてくれないからと言って、怒ったり不満を言ったりしない。それこそ、君子ではないか」と。

7 訳《やく》

先生《せんせい》がおっしゃいました。「学《まな》んだことをしっかり復習《ふくしゅう》し、そして実践《じっせん》する。とても嬉《うれ》しいことです。志《こころざし》を一《ひと》つにした友達《ともだち》が遠《とお》くからやってきてくれる。何《なん》と楽《たの》しいことでしょう。人《ひと》が自分《じぶん》のことを認《みと》めてくれなくても怒《おこ》ったりしない。何《なん》とりっぱな人《ひと》ではないでしょうか」と。

まとめ

孔子《こうし》の様々《さまざま》な体験《たいけん》に照《て》らして、人《ひと》としての生《い》き方《かた》を求《もと》め実践《じっせん》する者《もの》の望《のぞ》ましいあり方《かた》を述《の》べたものです。

8 私のひとり言

勉強にしろ、スポーツにしろ、習い事にしろ、人は皆何かにつけ自分が日々一生懸命努力していることが報われた時、とても嬉しく感じ、またそれを通して成長していくものだ。

この章句で孔子は、学び続けることの大切さ、良き友を持つことの大切さ、他人の評判など気にせずに自分のために努力し続けることの大切さの三つが生きていくうえで最も大切な柱であり、その三つをしっかりできる人こそが真の君子だと説いているのである。

この章句が約五百章ある『論語』の最初に位置しているのは、編者である弟子の配慮であろうか。

15

5 「❖」その章《しょう》にまつわる一口《ひとくち》知識《ちしき》。

6 訳 大人向《おとなむ》けの現代日本語訳《げんだいにほんごやく》。

7 訳《やく》 こども向《む》けにわかりやすく工夫《くふう》した訳《やく》。

8 **私《わたし》のひとり言《ごと》** その章句《しょうく》で言《い》おうとしていることにスポットをあてながらも、私《わたし》なりの考《かんが》え方《かた》ばかりでなく、面白《おもしろ》いエピソードも加《くわ》えました。主《おも》に大人向《おとなむ》け。

本文中《ほんぶんちゅう》「曰《いわ》く」と「曰《のたま》わく」とを使《つか》い分《わ》けています。一般的《いっぱんてき》（学校《がっこう》の教科書《きょうかしょ》含《ふく》む）には「いわく」と読《よ》みます。本書《ほんしょ》では孔子《こうし》に尊敬《そんけい》の意味《いみ》を込《こ》めて「のたまわく」と読《よ》み、孔子以外《こうしいがい》の人物《じんぶつ》の言葉《ことば》は「いわく」として区別《くべつ》して扱《あつか》っています。

なお、『論語《ろんご》』の章句《しょうく》の書《か》き下《くだ》し文《ぶん》は『仮名論語《かなろんご》』（論語普及会《ろんごふきゅうかい》）に準拠《じゅんきょ》しています。

学《がく》而《じ》第《だい》一《いち》

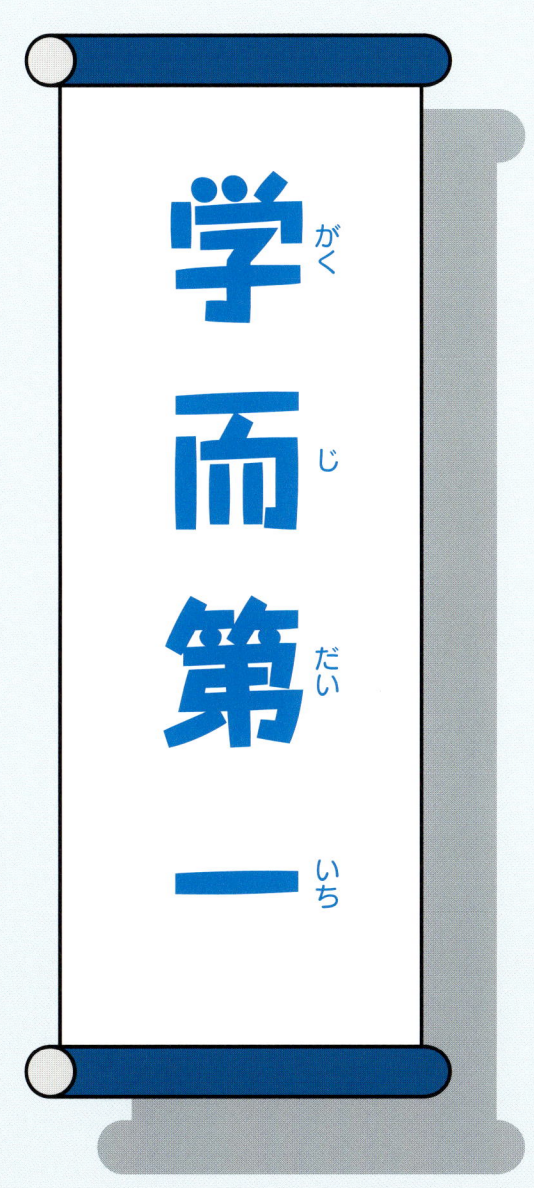

子《し》曰《のたま》わく、学《まな》びて時《とき》に之《これ》を習《なら》う、亦《また》説《よろこ》ばしからずや。
朋《とも》遠方《えんぽう》より来《きた》る有《あ》り、亦《また》楽《たの》しからずや。
人《ひと》知《し》らずして慍《うら》みず、亦《また》君子《くんし》ならずや。

（学而第一－①）

子曰、学而時習之、不亦説乎。有朋自遠方来、不亦楽乎。人不知而不慍、不亦君子乎。

子曰《ワク》、学《ビテ》而時習《ニウ》レ之《ヲ》、不《ヤ》二亦説《バシカラ》一乎。有《リ》下朋自《リ》二遠方一来《タル》上、不《ヤ》二亦楽《シカラ》一乎。人不《シテ》レ知《ヲ》而不レ慍《ミ》、不《ヤ》二亦君子《ナラ》一乎。

語《ご》の意味《いみ》

子《し》→先生《せんせい》の意味《いみ》で孔子《こうし》を指《さ》す　学《まな》ぶ→学問《がくもん》する、勉強《べんきょう》する　時《とき》→然《しか》るべき時《とき》、常《つね》に　亦《また》→それこそ、「〜もまた」の意味《いみ》ではない　説《よろこ》ぶ→喜《よろこ》ぶ、悦《よろこ》ぶ、歓《よろこ》ぶ　朋《とも》→友達《ともだち》、友人《ゆうじん》　慍《うら》む→怨《うら》む、怒《おこ》る、腹《はら》をたてる、「慍《うら》む」は他《ほか》に「慍《いか》る」・「慍《いきどお》る」の読《よ》み方《かた》あり　君子《くんし》→立派《りっぱ》な人《ひと》、人格者《じんかくしゃ》

❖「学習院大学」の名称は、この章句の「学びて時に之を習う」に由来していると言われている。
❖「君子」という言葉は、『論語』の中に百一回出てくる。君子の反対は、小人《しょうじん》で未熟な人、品格のない人の意。

訳

先生がおっしゃった。「学んだことは然るべき時によく復習する。それが自分の身に付いて理解が深まる。それこそ、人生の悦びではないか。志を同じくする友達がいて、遠くから訪ねて来てくれる。何と楽しいことではないか。他人が自分のことを認めてくれないからと言って、怒ったり不満を言ったりしない。それこそ、君子ではないか」と。

訳《やく》

先生《せんせい》がおっしゃいました。「学《まな》んだことをしっかり復習《ふくしゅう》し、そして実践《じっせん》する。とても嬉《うれ》しいことです。志《こころざし》を一《ひと》つにした友達《ともだち》が遠《とお》くからやってきてくれる。何《なん》と楽《たの》しいことでしょう。人《ひと》が自分《じぶん》のことを認《みと》めてくれなくても怒《おこ》ったりしない。何《なん》とりっぱな人《ひと》ではないでしょうか」と。

まとめ

孔子《こうし》の様々《さまざま》な体験《たいけん》に照《て》らして、人《ひと》としての生《い》き方《かた》を求《もと》め実践《じっせん》する者《もの》の望《のぞ》ましいあり方《かた》を述《の》べたものです。

私のひとり言

勉強にしろ、スポーツにしろ、習い事にしろ、人は皆何かにつけ自分が日々一生懸命努力していることが報われた時、とても嬉しく感じ、またそれを通して成長していくものだ。

この章句で孔子は、学び続けることの大切さ、良き友を持つことの大切さ、他人の評判など気にせずに自分のために努力し続けることの大切さの三つが生きていくうえで最も大切な柱であり、その三つをしっかりできる人こそが真の君子だと説いているのである。

この章句が約五百章ある『論語』の最初に位置しているのは、編者である弟子の配慮であろうか。

子《し》曰《のたま》わく、巧《こう》言《げん》令《れい》色《しょく》、鮮《すく》なし仁《じん》。

―注《ちゅう》―「鮮《すく》なし」であって、「無《な》し」とは言《い》っていないことに留意《りゅうい》

（学而第一―③）

子曰、巧言令色、鮮矣仁。

子曰《ワク》、巧言令色、鮮《シ》矣仁。

語《ご》の意味《いみ》

巧《こう》→たくみ　言《げん》→ことば　令《れい》→よい、すぐれた　色《しょく》→顔色《かおいろ》、表情《ひょうじょう》　鮮《すく》ない→少《すく》ない　仁《じん》→思《おも》いやり、慈《いつく》しみ、徳《とく》をそなえた人《ひと》

❖教科書にも扱われていて、陽貨《ようか》第十七篇・第十七章に同じ章句が出てくる。何故かは不明。

❖「巧言令色」という四字熟語は、この章句からとったもの。

❖孔子は、私欲にうちかって礼に立ち返ることが「仁」である、と言っている。「仁」という言葉は、『論語』の中に最も多く用いられ、百五回出てくる。

訳

先生がおっしゃった。「巧みな言葉を用いて、調子のよい顔をしている人間には、徳をそなえた人は少ないものだ」と。

訳 やく

先生《せんせい》がおっしゃいました。「口先《くちさき》だけでうまいことを言《い》い、相手《あいて》の顔色《かおいろ》を見《み》て表情《ひょうじょう》を取《と》り繕《つくろ》う（うまくごまかそうとする）人《ひと》には、思《おも》いやりの心《こころ》が欠《か》けている」と。

まとめ

言《い》い訳《わけ》をせず、人《ひと》に気《き》に入《い》られようなどとは考《かんが》えず、自分《じぶん》の心《こころ》を厳《きび》しく鍛《きた》えることが大切《たいせつ》だと述《の》べたものです。

私のひとり言

こどものみならず大人もまた、仲間外れになることを恐れ、本音を言わずに周囲の人に合わせて、相手が喜びそうな心にもないお世辞を言ってその場を繕う。

二千五百年前の孔子の時代も現在の日本も、さして変わりのないことに愕然としてしまう。所詮、どんなに美しい言葉を並べてみたところで、己の心に嘘偽りがあったのでは、決して相手に伝わるはずのないことを心せねばなるまい。

ちなみに、子路《しろ》第十三篇・第二十七章の「剛毅木訥《ごうきぼくとつ》、仁《じん》に近《ちか》し」（意志が強く、素朴で飾り気がない人と言うのは、仁に近い人である）という章句とは、裏返しの文であることを付け加えておきたい。

曾《そう》子《し》曰《い》わく、吾《われ》日《ひ》に吾《わ》が身《み》を三省《さんせい》す。人《ひと》の為《ため》に謀《はか》りて忠《ちゅう》ならざるか、朋友《ほうゆう》と交《まじ》わりて信《しん》ならざるか、習《なら》わざるを傳《つた》うるか。

（学而第一―④）

曾子曰、吾日三省吾身。為人謀而不忠乎、與朋友交而不信乎、傳不習乎。

曾子曰《ワク》、吾日《ニ》三二省《ス》吾《ガ》身《ヲ》一。為《ニ》レ人《ノ》謀《リテ》而不《ルカ》レ忠《ナラ》乎、與《ニ》二朋友一交《ワリテ》而不《ルカ》レ信《ナラ》乎、傳《ウルカ》レ不《ルヲ》レ習《ハ》乎。

語《ご》の意味《いみ》

曾子《そうし》→孔門十哲《こうもんじってつ》には入《はい》っていない弟子《でし》だが、誠実《せいじつ》で真面目《まじめ》な人柄《ひとがら》を孔子《こうし》も認《みと》めて可愛《かわい》がったという

吾《われ》→私《わたし》

日《ひ》→毎日《まいにち》

三省《さんせい》→何度《なんど》も自分《じぶん》の言動《げんどう》について反省《はんせい》すること

謀《はか》る→人《ひと》の相談《そうだん》にのること

忠《ちゅう》→真心《まごころ》

朋友《ほうゆう》→友達《ともだち》、友人《ゆうじん》

信《しん》→誠実《せいじつ》

習《なら》う→習熟《しゅうじゅく》する、復習《ふくしゅう》する

傳《つた》える→人《ひと》に教《おし》える

❖「三省堂」という書店名は、この章句の「吾日に吾が身を三省す」に由来する。

❖三省の「三」には、色々な説があるようだ。「人の為に～傳うるか」まで述べられている三つの項目を指すとか、数字の三（三回・三度）を表すとか。私は「多い」の意味に捉えて「何回も」「何度も」と解釈する説を採用したい。

訳

曾子が言った。「私は毎日何度も自分の言動について反省している。人のために真心から相談にのってあげられなかったのではないか。友達と付き合った時、誠実でなかったのではないか。自分がまだ良く理解できていないことを、受け売りで人に教えたのではないか」と。

訳 やく

曾子《そうし》が言《い》った。「私《わたし》は一日《いちにち》のうち何回《なんかい》も自分《じぶん》のしていることを反省《はんせい》します。他《ほか》の人《ひと》のためにいろいろなことをしてあげた時《とき》、心《こころ》からその人《ひと》のために尽《つ》くしてあげたであろうか。友達《ともだち》付《づ》き合《あ》いをして、友達《ともだち》を信《しん》じてあげたであろうか。先生《せんせい》から教《おそ》わって、まだよくわかっていないことを他《ほか》の人《ひと》に知《し》ったかぶりをして教《おし》えたことはなかったであろうか」と。

まとめ

人間《にんげん》はいつも自分《じぶん》の心《こころ》の中《なか》を反省《はんせい》しなければならないと述《の》べたものです。

私のひとり言

曾子の実に奥深いこの章句は、考えさせられる一節である。定年退職して早八年。欠かすことなく日誌をつけながら、その日の出来事を振り返ってはいるものの、反省らしき反省もしないまま時の流れに身を任せているのが実情である。特に、「習わざるを傳うるか」は、改めて我が身の処し方を再考させられる警句と言えよう。

「論語読みの論語知らず」の謗《そし》りを免れない人間が人前で『論語』を教えているのである。陽貨《ようか》第十七篇・第十四章に「道聴塗説《どうちょうとせつ》」（学問や知識を正しく消化せず、生半可に自分のものにしたかのように他人に話す）という四字熟語が出てくるが、「習わざるを傳うるか」と併せて自分の未熟さを指摘されているように思えてならない。だとすれば、そこに集う人々は悲劇である。ここは原点に返って日々身を粉《こ》にして努力し続ける以外に道はないのだ。

子曰《しのたま》わく、人《ひと》の己《おのれ》を知《し》らざるを患《うれ》えず、人《ひと》を知《し》らざるを患《うれ》うるなり。

（学而第一—⑯）

子曰、不患人之不己知、患不知人也。

子曰《ワク》、不レ患《エ》三人之不《ルヲ》二己知《ラ》一、患《ウル》レ不《ルヲ》レ知《ラ》レ人《ヲ》也。

語《ご》の意味《いみ》

人《ひと》→広《ひろ》く他人《たにん》を指《さ》す

患《うれ》う→心配《しんぱい》する、気《き》に掛《か》ける

❖この章句とほぼ同じ内容が、憲問第十四章・第三十二章に出てくる。

訳 先生がおっしゃった。「他人が自分を理解してくれないなどと心配せずに、自分が他人を理解していないのではないかと、心配することだ」と。

訳《やく》

先生《せんせい》がおっしゃいました。「他《ほか》の人《ひと》が自分《じぶん》のよいところ（学力《がくりょく》や人格《じんかく》）をわかってくれないからといって、がっかりすることはありません。それよりも自分《じぶん》が他人《たにん》の良《よ》さをわかっていないのではないかと、心配《しんぱい》することの方《ほう》が大切《たいせつ》な生《い》き方《かた》なのです」と。

まとめ

人《ひと》のよさや物事《ものごと》を見抜《みぬ》く力《ちから》をつけることが大切《たいせつ》だと述《の》べているのです。

私のひとり言

「自分のことを理解してほしいと望むなら、他人の良さがわかる力を身につけることです。」

ある講演会で曹洞宗大本山 前 永平寺監院で現札幌中央寺住職・南澤道人老師が話された言葉である。

これからの超高齢化社会をどう生きるかについてＱ（クオリティ・質）Ｏ（オブ・〜の）Ｌ（ライフ・人生）の大切さを説いた時のこと。

よく高齢者の方が若者に対して「もう少し年寄りの気持ちをわかってほしい」と言うと、若者は「今の自分がどうなのかをしっかり理解してから言ってほしい」となるそうだ。結局のところ老師は、自分の信念を曲げてまで、理解しようとしない相手に媚《こ》びて迎合することはない、と言いたかったのであろうか。

そうであれば、孔子が言わんとすることと合致するように思えるのだが……。

コラム1 孔子の弟子達

孔子には約3,000人の弟子がいたといわれています。その中で一芸に秀でた弟子が70余人、更にその中でも特に優れた弟子が10人いて、その10人を「孔門十哲《こうもんじゅってつ》」といいます。彼らは下記のように四つの分野に分けて「四科十哲《しかじゅってつ》」ともいいます。また、孔門十哲には入っていませんが優秀な弟子に曾子《そうし》・子張《しちょう》・有子《ゆうし》などを挙げることができます。

徳行《とっこう》（仁徳に優れた弟子）　顔淵《がんえん》（顔回《がんかい》）・閔子騫《びんしけん》（閔子《びんし》）
冉伯牛《ぜんはくぎゅう》（冉耕《ぜんこう》）・仲弓《ちゅうきゅう》（雍《よう》）

言語《げんご》（弁舌に優れた弟子）　宰我《さいが》（宰予《さいよ》）・子貢《しこう》

政事《せいじ》（政治に優れた弟子）　子路《しろ》（季路《きろ》）・冉有《ぜんゆう》（冉子《ぜんし》）

文学《ぶんがく》（学問に優れた弟子）　子夏《しか》・子游《しゆう》

為《い》政《せい》第《だい》二《に》

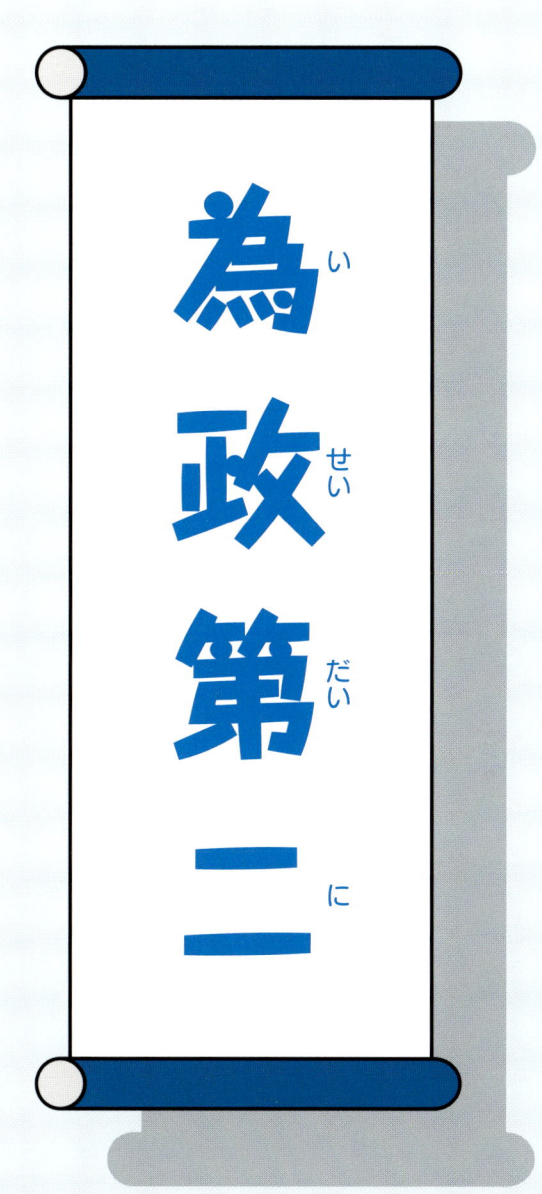

子曰《しのたま》わく、吾十有五《われじゅうゆうご》にして学《がく》に志《こころざ》し、三十《さんじゅう》にして立《た》ち、四《し》十《じゅう》にして惑《まど》わず、五十《ごじゅう》にして天命《てんめい》を知《し》り、六十《ろくじゅう》にして耳《みみ》順《したが》い、七十《しちじゅう》にして心《こころ》の欲《ほっ》する所《ところ》に従《したが》えども、矩《のり》を踰《こ》えず。

（為政第二―④）

子曰、吾十有五而志乎学、三十而立、四十而不惑、五十而知天命、六十而耳順、七十而従心所欲、不踰矩。

子曰ワク、吾十有五ニシテ而志シ二乎学ニ一、三十ニシテ而立チ、四十ニシテ而不レ惑ワ、五十ニシテ而知ル二天命ヲ一、六十ニシテ而耳順イ、七十ニシテ而従エドモ二心ノ所一レ欲スル、不レ踰エ矩ヲ。

語の意味

十有五《じゅうゆうご》の「有《ゆう》」は、「また」「更《さら》に」等《など》の意味《いみ》で語調《ごちょう》を整《ととの》える時《とき》に用《もち》いる。十と五、十五歳　学《がく》→学問《がくもん》　立《た》つ→自立《じりつ》する、独立《どくりつ》する　天命《てんめい》→宿命《しゅくめい》、運命《うんめい》、使命《しめい》　耳順《みみしたが》う→人《ひと》の話《はなし》を素直《すなお》に聞《き》く　矩《のり》→人《ひと》としての道《みち》、道《どう》徳上《とくじょう》の規範《きはん》　踰《こ》える→踏《ふ》み外《はず》す、外《はず》れる

❖人の年齢をいう場合、十五歳を「志学《しがく》」、三十歳を「而立《じりつ》」、四十歳を「不惑《ふわく》」、五十歳を「知命《ちめい》」、六十歳を「耳《じ》順《じゅん》」、七十歳を「従心《じゅうしん》」等と表現するのはこの章句が語源となっている。

訳

先生がおっしゃった。「私は十五歳で学問に志す決心をし、三十歳になって学ぶことがはっきりして自立し、四十歳になってあれこれ迷うことがなくなり、五十歳になって自分が果たさなければならない使命を知り、六十歳になって人の話を素直に聞けるようになり、七十歳になると自分の思い通りに振る舞っても人としての道に外れることがなくなった」と。

訳《やく》

先生《せんせい》がおっしゃいました。「私《わたし》は十五歳《さい》の時《とき》、世《よ》の中《なか》の役《やく》に立《た》つ人《ひと》になろうと学問《がくもん》することを決心《けっしん》し、三十歳《さい》になるとその学問《がくもん》に自信《じしん》が持《も》てるようになり、四十歳《さい》で心《こころ》の迷《まよ》いがなくなり、五十歳《さい》の時《とき》に自分《じぶん》のしていることは、神様《かみさま》が命《めい》じたことだと自覚《じかく》し、六十歳《さい》になって他《ほか》の人《ひと》の言《い》うことがよく理解《りかい》できるようになり、七十歳《さい》になると自分《じぶん》の好《す》きなように行動《こうどう》しても、他人《たにん》の心《こころ》を傷《きず》つけることがなくなりました」と。

まとめ

人間《にんげん》は年《とし》を重《かさ》ねるごとに人《ひと》として向上《こうじょう》しなければなりません。そのためには、それぞれの年齢《ねんれい》に応《おう》じた目標《もくひょう》を決《き》めることが大切《たいせつ》なのだと述《の》べたものです。

私のひとり言

孔子が晩年に故郷の魯でひとり寂しく川辺にたたずみ、自らの生涯を回想した折の発言であろうが、感慨深いものがある。

『論語』の中でも有名な章句であり、孔子が十五歳で学問を志してから、七十歳になって自由に行動しても道にはずれない境地に至るまでの修養努力の過程をふり返った世界で最も短い自分史といえるのではなかろうか。

人の話を素直に聞けるようになったのが、孔子をもってしても六十歳になってからとは、人の言葉に耳を傾けることが如何に難しいかということを物語っているように思えてならない。

この孔子が示した「人生の道」を重く受け止めたい。

子《し》曰《のたま》わく、故《ふる》きを温《たず》ねて新《あたら》しきを知《し》る、以《もっ》て師《し》と為《な》るべし。

（為政第二―⑪）

子曰、温故而知新、可以為師矣。

子曰《ワク》、温《ネテ》レ故《キヲ》而知《ル》レ新《シキヲ》、可《シ》二以《テ》為《ル》一レ師《ト》矣。

語《ご》の意味《いみ》

故《ふる》い→古《ふる》いこと、昔《むかし》のこと

温→「たずねて」と読《よ》み、「復習《ふくしゅう》する」「研究《けんきゅう》する」の意味《いみ》。また、「あたためて」と読《よ》んで、「大切《たいせつ》にする」「何度《なんど》も繰《く》り返《かえ》し習熟《しゅうじゅく》する」の意味《いみ》ともされる

師《し》→先生《せんせい》、教師《きょうし》、指導者《しどうしゃ》

❖「温故知新《おんこちしん》」（昔の人の教えや過去の歴史をよく学び、そこから新たな知識や考え方を知る）という四字熟語はこの章句からとったものであるが、「以て師と為るべし」までを承知している人は、そう多くないかも知れない。

訳

先生がおっしゃった。「古いことを研究し、更に新しいことにも通じているなら、人の師となれる」と。

訳《やく》

先生《せんせい》がおっしゃいました。「昔《むかし》のことをしっかり学《まな》び、そこから新《あたら》しいことを見《み》つけることができれば、人《ひと》を教《おし》える先生《せんせい》になれる」と。

まとめ

過去《かこ》の事柄《ことがら》や学説《がくせつ》には、人《ひと》としての大切《たいせつ》な教《おし》えがいっぱい詰《つ》まっていると述《の》べたものです。

私のひとり言

人はとかく新しいことに関心を示すが、古いことには意外と無関心になりがちである。新しいことを知るためには、先ず古いことを知る必要があるということだ。

歴史は事例の宝庫であり、現代の課題解決の参考になり得る。しかも、先人の苦労や失敗をも教訓にできる。また、なぜ興り、なぜ亡んだか、その原因も学べる。混迷の現代に生きる我々だからこそ歴史から学ばねばならないのである。

子曰《しのたま》わく、学《まな》びて思《おも》わざれば則《すなわ》ち罔《くら》く、思《おも》うて学《まな》ばざれば則《すなわ》ち殆《あやう》し。

（為政第二―⑮）

子曰、学而不思則罔、思而不学則殆。

子曰《ワク》、学《ビテ》而不《レバ》レ思則《ハチ》罔《ク》、思《ウテ》而不《レバ》レ学則《バチ》殆《シ》。

語《ご》の意味《いみ》

学《まな》ぶ→人《ひと》や書物《しょもつ》からいろいろな知識《ちしき》を得《え》ること

思《おも》う→自分《じぶん》で考《かんが》えること

罔《くら》く→「網《あみ》」の原字《げんじ》で、物事《ものごと》の道《どう》理《り》に暗《くら》いこと。ぼんやりしていて、はっきりしないこと

殆《あやう》し→危《あぶ》ないこと、道理《どうり》にはずれて危険《きけん》であること

❖後程扱う、雍也第六篇・第十八章に「文質彬彬《ぶんしつひんぴん》」（外見と中身が程よく調和していること）と言う四字熟語が出てくるが、それと比較して見るのも面白いかも知れない。

❖この章句は、小・中・高の教科書でも扱われている。

❖「学」と「思」との一方にかたよることなく、両方を並行させて学び続けることが重要であることを述べている。（学習と思索とは両立させながら進展すべきもので、一方にかたよっては効果がないこと）

訳

先生がおっしゃった。「人から幾ら学んでも自分でよく考えなければ、物事ははっきりしない。自分ひとりで幾ら考えても、広く学ぼうとしなければ、独断に陥りやすく危険である」と。

訳 やく

先生《せんせい》がおっしゃいました。「大切《たいせつ》なことを広《ひろ》く学《まな》んでも、よく考《かんが》えなければ理解《りかい》したとはいえません。また、考《かんが》えてばかりで広《ひろ》く学《まな》ぼうとしなければ、狭《せま》く偏《かたよ》ってしまって危険《きけん》です」と。

まとめ

学問《がくもん》（学《まな》ぶこと）とは考《かんが》え続《つづ》けることです。「もうわかった」と思《おも》って勉強《べんきょう》をやめてしまってはいけないと述《の》べたものです。

私のひとり言

情報化社会に遅れまいと老骨に鞭打って携帯電話・パソコンを購入し、メールやインターネットを最小限度扱えるようにはなったが、苦労せずに仕入れた知識は身に付く筈もない。

ではネットやスマホ社会で育つ現代の若者やこども達はどうなのかと、つい気になってしまう。

知識はそれなりに豊富であっても、自分の考え方をしっかり持たず、地道に下調べすることを面倒がるという。また、孤独を恐れ、絶えずスマホをいじっていなければ不安でたまらないともいう。

「学んで思わず、思って学ばず」どころか、「学ばず、思わず」の窮状をどう受け止めればよいのか。頭の痛い話である。しかし、単に若者やこども達だけに限った事ではないであろう。大人も含めた現代社会の問題現象として真剣に捉えていかねばなるまい。

コラム❷ 孔子の弟子達（孔門十哲）

—注— 姓《せい》は一族名、名《な》は本名、字《あざな》は成人男子がもつ別名。

顔淵《がんえん》

顔回《がんかい》ともいう。姓は顔《がん》、名は回《かい》、字は子淵《しえん》。孔子門下で最も優れていた弟子の一人で、貧しい生活にあっても愚痴一つこぼさず学問の道に励んだ。孔子が最も信頼を寄せ後継者と見られていたが、早死にしてしまい、悲嘆にくれる。顔淵第十二篇の「顔淵」はこの人のことである。

閔子騫《びんしけん》

閔子《びんし》ともいう。姓は閔《びん》、名は損《そん》、字は子騫《しけん》。親は継母でひどい扱いを受けるが不平を言わず、親孝行を実践し孔子に賞賛される。また、魯国の大臣から地方の長官にするとの声がかかるが断る。

冉伯牛《ぜんはくぎゅう》

冉耕《ぜんこう》ともいう。姓は冉《ぜん》、名は耕《こう》、字は伯牛《はくぎゅう》。皮膚が侵される難病にかかった折、孔子は見舞いに行かれ窓越しに伯牛の手を握って「お前のような立派な人物が、何故このような不治の病にかからなければならないのか」と人の儚さを嘆き悲しまれた。

八《はち》佾《いつ》第《だい》三《さん》

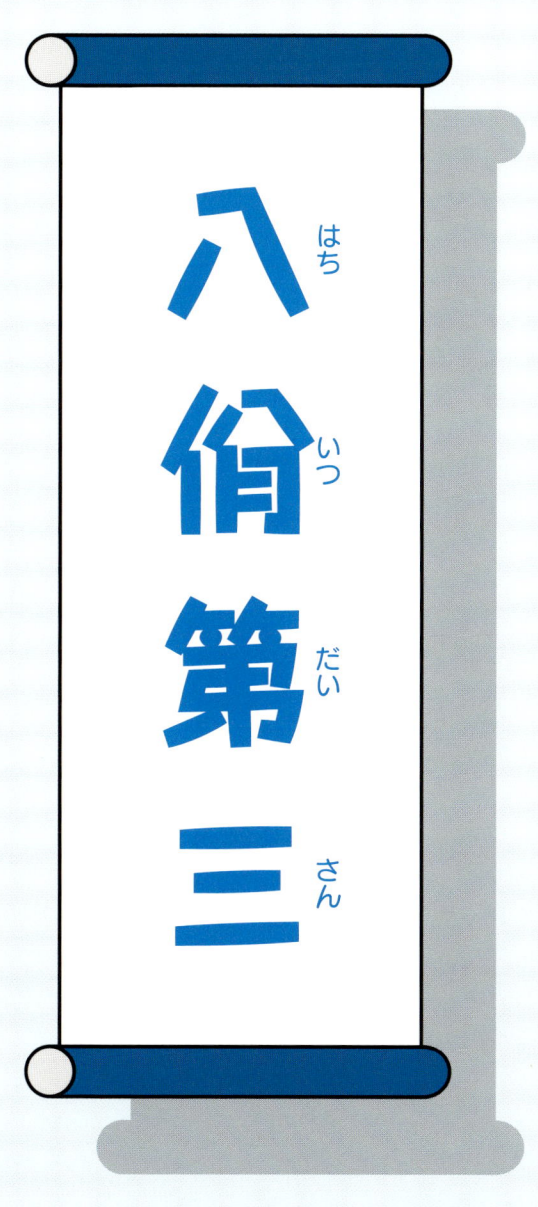

子曰《しのたま》わく、人《ひと》にして仁《じん》ならずんば、礼《れい》を如何《いか》にせん。人《ひと》にして仁《じん》ならずんば、楽《がく》を如何《いか》にせん。

（八佾第三―③）

子曰、人而不仁、如礼何。人而不仁、如楽何。

子曰《ワク》、人《ニシテ》而不《ンバ》レ仁《ナラ》、如レ礼《ヲ》何《ニセン》。人《ニシテ》而不《ンバ》レ仁《ナラ》、如レ楽《ヲ》何《ニセン》。

語《ご》の意味《いみ》

仁《じん》→思《おも》いやり、慈《いつく》しみ、親切《しんせつ》

礼《れい》→礼儀作法《れいぎさほう》、マナー

楽《がく》→音楽《おんがく》

❖礼と楽とは、教養の要点とも言うべきものであるが、そのもとに、仁のたましいがあるべきだ、と述べたもの。

❖『論語』の中に於ける「礼」に関わる記述は、「仁」や「君子」に関する記述と並んで多く用いられている。

訳

先生がおっしゃった。「人として相手を思いやる心がなければ、幾ら礼儀作法を身に付け、礼に付随する音楽の知識やテクニックを身に付けたとしても、一体それでどうなると言うのか」と。

訳《やく》

先生《せんせい》がおっしゃいました。「人《ひと》として他人《たにん》を思《おも》いやる気持《きも》ちがなければ、いくら礼儀作法《れいぎさほう》（マナー）がしっかりできたとしても、それだけではだめなのです。また、人《ひと》として他人《たにん》を思《おも》いやる気《き》持《も》ちがなければ、いくら音楽《おんがく》を上手《じょうず》に奏《かな》でることができたとしても、それでもやっぱりだめなのです」と。

まとめ

礼《れい》（礼儀作法《れいぎさほう》）楽《がく》（音楽《おんがく》）の本《もと》は、真心《まごころ》（仁《じん》の心《こころ》）にあると述《の》べたものです。

私のひとり言

「礼」とは礼儀作法のことであるが、単に礼儀作法を守っていればよいというものではなく、そこに「真心」（仁の心）が込められているかどうかという点が大事なのである。礼儀作法は時代によっても変わるであろうし、国によっても違いがあると思う。しかし、真心とか思いやりという心情的な面においては、たとえ時代が移り、国が変わろうとも決して異なるものではない。

また、「音楽」は礼儀と並んで人間の品格を整えるものとして大切に考えられていた。この時代の音楽には、打楽器から始まり、次に琴《きん》（日本でいう琴《こと》のこと）、竹笛などが用いられた。楽団が組織されたのもこの時期のようだ。孔子も琴を奏でて音楽には大変興味があったと言われている。

コラム❸ 孔子の弟子達（孔門十哲）

仲弓《ちゅうきゅう》

雍《よう》ともいう。姓は冉《ぜん》、名は雍《よう》、字は仲弓《ちゅうきゅう》。雍也第六篇の「雍」は仲弓のことである。政治家を志望していたが、口下手で引っ込み思案だったようだ。父親は低い身分の出身だったが、孔子は血筋よりも人間性を重んじ、仲弓の才能を賞賛している。

宰我《さいが》

宰予《さいよ》ともいう。姓は宰《さい》、名は予《よ》、字は子我《しが》。弁論に優れていたが、軽率な言動に走ることも多く、孔子に叱責される不肖の弟子。斉《せい》の国に仕え反乱を起こすが滅ぼされ、孔子を落胆させた。

子貢《しこう》

姓は端木《たんぼく》、名は賜《し》、字は子貢《しこう》。聡明で雄弁家、自信家でもあった。『論語』の中では、積極的な子貢ならではの質問も多く、孔子とのやりとりは実にテンポがよく、楽しむことができる。また、実業家としてもその才能を発揮し、莫大な財産を築き、孔子一門を財政的に支えた。孔子没後、6年服喪した。

里《り》仁《じん》第《だい》四《し》

子曰《しのたま》わく、朝《あした》に道《みち》を聞《き》けば、夕《ゆうべ》に死《し》すとも可《か》なり。

（里仁第四－⑧）

子曰、朝聞道、夕死可矣。

子曰《ワク》、朝《ニ》聞《ケバ》レ道《ヲ》、夕《ニ》死《ストモ》可《ナリ》矣。

語《ご》の意味《いみ》

朝《あした》→朝《あさ》　道《みち》→人《ひと》が守《まも》り行《おこな》うべき正《ただ》しい道理《どうり》、人《ひと》としての正《ただ》しい生《い》き方《かた》　聞《き》く→きいて理解《りかい》する、悟《さと》る、学《まな》ぶ

夕《ゆうべ》→夜《よる》、晩《ばん》、夕方《ゆうがた》　可《か》→それで十分《じゅうぶん》、悔《く》いはない、本望《ほんもう》だ

❖「朝聞夕死《ちょうぶんせきし》」（朝に聞き、夕に死す）という四字熟語は、この章句からとったもの。

❖高校の教科書にも扱われている有名な章句である。

訳

先生がおっしゃった。「ある日の朝に人がこの世を生きていく上での正しい真実の道を悟ることができたなら、私はその日の夜に死ぬことになったとしても悔いはない」と。

訳 やく

先生《せんせい》がおっしゃいました。「もし、朝《あさ》のうちに、人《ひと》としての正《ただ》しい生《い》き方《かた》が何《なん》であるのかを理《り》解《かい》することができたなら、その日《ひ》の夜《よる》に死《し》んでもかまわないと私《わたし》は思《おも》っています」と。

まとめ

孔子《こうし》は、自分《じぶん》の人生《じんせい》を歩《あゆ》む上《うえ》で、いかなる道《みち》をめざせばよいのか知《し》ることができたなら、いつ死《し》んでもよいと述《の》べているのです。

私のひとり言

孔子晩年の言葉であろう。『論語』の中には、「道」と言う言葉が幾度となく出てくるが、ここでいう「道」とは、人としての正しい生き方のことである。その生き方がわかれば、いつ死んでもかまわないと言い切っているのだ。孔子が謂う言葉だからこそ重い。人として、人間らしく生きる道とは何かをいつも真剣に考えねばなるまい。

それにしても、この章句の「こども向け訳」には正直、頭を抱えてしまった。どう意訳することがこどもにとって最も相応しいのか。結局のところ、平凡な訳になってしまったことをお許し願いたい。

蛇足になるが、某大学の国文科教授が講義の中で学生に「朝聞夕死」の意味と出典を聞いたところ、正解者は一割にも満たなかったとのこと。愕然とした次第である。

子曰《しのたま》わく、君子《くんし》は義《ぎ》に喩《さと》り、小人《しょうじん》は利《り》に喩《さと》る。

（里仁第四－⑯）

子曰、君子喩於義、小人喩於利。

子曰《ワク》、君子喩《ハリ》二於義《ニ》一、小人喩《ハル》二於利《ニ》一。

語《ご》の意味《いみ》

義《ぎ》→正義《せいぎ》、正《ただ》しい行《おこな》い、公正《こうせい》であるべき道理《どうり》

喩《さと》る→物事《ものごと》を判断《はんだん》する、深《ふか》く理解《りかい》する

小人《しょうじん》→未熟《みじゅく》な人《ひと》、人格《じんかく》の劣《おと》った人《ひと》

利《り》→利益《りえき》、もうけること

❖『論語』の中には、しばしば君子と小人が対比して述べられているが、この章句もその一つである。

訳

先生がおっしゃった。「君子は、何事にも人としての正しい道筋を考えるが、小人は、何事にも自分の利益に結びつけてしまう」と。

訳《やく》

先生《せんせい》がおっしゃいました。「立派《りっぱ》な人《ひと》というのは、それが正《ただ》しいか正《ただ》しくないかで物事《ものごと》を判断《はんだん》しますが、未熟《みじゅく》な人《ひと》は、損《そん》か得《とく》かで物事《ものごと》を判断《はんだん》してしまいます」と。

まとめ

物事《ものごと》は損《そん》か得《とく》かではなく、正《ただ》しいか正《ただ》しくないかで判断《はんだん》するようにと述《の》べたものです。

私のひとり言

君子は正義にはよく通じている。一方、小人は利益を追い求める余り、誤った道に陥りやすいということである。しかし、孔子は利益を手にすること自体、否定しているわけではない。個人の利益を享受しながらも、より豊かな人間関係を確立すべきだと言っているのだ。その時には、正しい道を選ぶべきで、安易に得を求めて近道しようなどと考えてはならないとも述べているのである。

子《し》曰《のたま》わく、徳《とく》は孤《こ》ならず、必《かなら》ず鄰《となり》有《あ》り。

（里仁第四-㉕）

子曰、徳不孤、必有鄰。

子曰ワク、徳ハ不レ孤ナラ、必ズ有リレ鄰。

語《ご》の意味《いみ》

徳《とく》→品性《ひんせい》を向上《こうじょう》させるために人《ひと》の修得《しゅうとく》すべきもの、誠実《せいじつ》、道徳《どうとく》、謙虚《けんきょ》、正義《せいぎ》、思《おも》いやり

孤《こ》→孤立《こりつ》、孤独《こどく》、一人《ひとり》ぼっち

鄰《となり》→「隣《となり》」の正字《せいじ》、隣《となり》、傍《そば》、仲間《なかま》

❖教科書でも扱われている章句である。

❖東京都立の「有徳高校」或は東京・神奈川などで展開する書店の「有隣堂」の名称は、この章句からとったもの。

訳
先生がおっしゃった。「誠実な人柄を築きあげれば、孤立することはない。必ず気持ちの通い合う仲間が増えてくる」と。

訳《やく》
先生《せんせい》がおっしゃいました。「どんな時《とき》でも思《おも》いやりの心《こころ》を持《も》っている人《ひと》は、決《けっ》して一人《ひとり》ぼっちにはなりません。同《おな》じような心《こころ》を持《も》った人《ひと》が必《かなら》ず現《あらわ》れて、あなたを理解《りかい》し、手《て》を差《さ》し伸《の》べてくれますから」と。

まとめ
誠実《せいじつ》な人《ひと》のもとには、必《かなら》ず味方《みかた》が現《あらわ》れると述《の》べたものです。

私のひとり言

『論語』の中で私の最も好きな章句の一つである。
人生で最も大切なもの、それは財産でも名誉でもない。まさかの時に親身になって自分を心配してくれる友人、これこそが最大の宝なのだと。自分を磨くことはもとより大事なことではあるが、利己主義者になってはならない。広く交友を求め、他人を思いやる心を持ってこそ、自らにも恩恵があることを知らねばなるまい。
フランスの詩人、ルイ・アラゴンは「学ぶとは、誠実を胸に刻むこと。教えるとは、ともに希望を語ること。」と述べているが、その趣旨は教育者でもあった孔子のこのすぐれた章句と相通ずるものがあるのではなかろうか。

コラム④ 孔子の弟子達（孔門十哲）

子路《しろ》

季路《きろ》ともいう。姓は仲《ちゅう》、名は由《ゆう》、字は子路《しろ》（季路《きろ》）。『論語』の中に最も多く登場する最古参の弟子。孔子は子路の恐れを知らない大胆で正直な人柄を愛しながらも、慎重に行動するように指導している。孔子を心底慕いボディガード役もしていた。晩年、衛《えい》の国の大臣に仕えたが内乱によって殺害される。

冉有《ぜんゆう》

冉子《ぜんし》・冉求《ぜんきゅう》ともいう。姓は冉《ぜん》、名は有《ゆう》（求《きゅう》）、字は子有《しゆう》。温厚な性格だったが引っ込み思案で、魯の国の大臣になった際、増税したことで孔子から破門される。

子夏《しか》

商《しょう》ともいう。姓は卜《ぼく》、名は商《しょう》、字は子夏《しか》。慎み深く正直で勉強家であったが、少々消極的な性格。孔子晩年の弟子。

子游《しゆう》

姓は言《げん》、名は偃《えん》、字は子游《しゆう》。真面目な性格で真摯に政治に取り組む姿勢を孔子は高く評価。武城《ぶじょう》という町の長官になり、孔子の教えを実践した。孔子晩年の弟子。

公《こう》冶《や》長《ちょう》第《だい》五《ご》

子路《しろ》、聞《き》くこと有《あ》りて、未《いま》だ之《これ》を行《おこな》うこと能《あた》わざれば、唯《ただ》聞《き》く有《あ》らんことを恐《おそ》る。

（公冶長第五―⑭）

子路、有聞、未之能行、唯恐有聞。

子路、有《リテ》レ聞《クコト》、未《ダ》《ざレバ》二之《ヲ》能《ワ》一レ行《ウコト》、唯恐《ル》レ有《ランコトヲ》レ聞《ク》。

語《ご》の意味《いみ》

子路《しろ》→孔門十哲《こうもんじゅってつ》の一人《ひとり》。中島敦《なかじまあつし》氏《し》は子路《しろ》を主人公《しゅじんこう》に小説《しょうせつ》「弟子《でし》」を著《あらわ》している

聞《き》く→ききとる、理解《りかい》する、分《わ》かる

行《おこな》う→実行《じっこう》する、従事《じゅうじ》する

能《あた》う→できる、なしうる

❖孔子は、実直で一途な性格の子路を愛しながらも、深い思慮をもって行動するように諭すが、孔子より一年早く戦死している。

❖『論語』の中に出てくる弟子は三十名であるが、子路は最も多く登場する。

訳

子路は先生から何かを聞いてそれを実行できないうちは、更に何かを聞くことを大変恐れた。

訳《やく》

弟子《でし》である子路《しろ》は、先生《せんせい》から学《まな》んだことを実行《じっこう》しようと心掛《こころが》けていたので、一《ひと》つのことをよく理解《りかい》するまでは、次《つぎ》の新《あたら》しく学《まな》ぶことを大変心配《たいへんしんぱい》した人《ひと》であった。

まとめ

一《ひと》つのことを教《おそ》わったら、よくわかるまで自分《じぶん》で努力《どりょく》し、しっかり理解《りかい》することができた後《のち》に新《あたら》しいことに挑戦《ちょうせん》することが大切《たいせつ》なのだと述《の》べたものです。

私のひとり言

一歩一歩焦らずにやっていくことが大切なのである。慌てることはないのだ。一つのことをしっかり理解することができて、初めて新しいことに挑戦すればよいのである。

そんなごくあたりまえのことが人は何故できないのであろうか。

一つのことにじっくり取り組む姿勢も大事であるが、同時に心に余裕を持つことも忘れてはならないと思わせてくれるところが、この章句の良さになっている。

ちなみに、聞くは一般的に「自然に聞く」ことを言い、聴くは「意識して聴く」ことを意味する。英語では、聞くは hear で、聴くは listen である。人の話は、よく聴くように心掛けたいものである。

コラム5 孔子の弟子達（孔門十哲以外の優秀な弟子達）

曾子《そうし》

参《しん》ともいう。姓は曾《そう》、名は参《しん》、字は子與《しよ》。不器用ながらも誠実な人柄。孔子の教えを実践し、後継者の筆頭とされた。孔子の孫の子《し》思《し》を弟子として教える。孔子晩年の弟子。

子張《しちょう》

師《し》ともいう。姓は顓孫《せんそん》、名は師《し》、字は子張《しちょう》。スタイルを気にし過ぎて、誠実さに欠けるとされた孔子晩年の弟子。

有子《ゆうし》

有若《ゆうじゃく》ともいう。姓は有《ゆう》、名は若《じゃく》、字は子有《しゆう》。孔子に顔・体形がよく似ていたこともあり、曾子とともに孔子の後継者とされた。孔子晩年の弟子。

雍《よう》也《や》第《だい》・六《ろく》

子《し》、子夏《しか》に謂《い》いて曰《のたま》わく、女《なんじ》、君子《くんし》の儒《じゅ》と為《な》れ、小人《しょうじん》の儒《じゅ》と為《な》る無《な》かれ。

（雍也第六－⑬）

子、謂子夏曰、女、為君子儒、無為小人儒。

子、謂《イテ》二子夏《ニ》一曰《ワク》、女、為《レ》二君子《ノ》儒《ト》一、無《カレ》レ為《ル》二小人《ノ》儒《ト》一。

語《ご》の意味《いみ》

子夏《しか》→孔門十哲《こうもんじゅってつ》の一人《ひとり》。文学《ぶんがく》にすぐれ、孔子《こうし》の詩学《しがく》を後世《こうせい》に伝《つた》えた　謂《い》う→人《ひと》に向《む》かっていう、告《つ》げる　女《なんじ》→お前《まえ》、君《きみ》、そなた　儒《じゅ》→学者《がくしゃ》、学問《がくもん》を教《おし》える人《ひと》

❖「君子の儒（学者）」とは、単に立派な学者になれと言っているのではなく、世の中に貢献できる学者になれと言っているのである。また、「小人の儒（学者）」とは、学問が自分の出世のためになればそれでよいとする人のことである。

❖『論語』の中には、君子と小人を対比した章句がたくさん出てくる。その一部を挙げておこう。「君子は義に喩り、小人は利に喩る」「君子は上達し、小人は下達す」「君子は周して比せず、小人は比して周せず」「君子は和して同ぜず、小人は同じて和せず」

訳

先生が子夏に向かって言われました。「お前は君子としての学者になりなさい。小人の学者になってはいけない」と。

訳《やく》

先生《せんせい》が弟子《でし》の子夏《しか》に向《む》かっておっしゃいました。「君《きみ》は立派《りっぱ》な学者《がくしゃ》になりなさい。未熟《みじゅく》な学者《がくしゃ》になってはいけませんよ」と。

まとめ

自分《じぶん》を向上《こうじょう》させるための学者《がくしゃ》をめざして、世間体《せけんてい》を気《き》にするような学者《がくしゃ》になってはならないと述《の》べたものです。

私のひとり言

子夏は熱心な勉強家であったが、学問に没頭する余り、独り善がりに陥りがちな一面もあったようである。そこで、孔子が子夏に諭したのは「知識だけを身につけた、単なる物知り的な学者になるのではなく、大きな視野で仁をも身につけた本物の学者になることだ」ということであった。弟子を思う深い愛情が感じられ、人としてのあり方を適確に示す教育者孔子の側面を垣間見ることができる。

子曰《しのたま》わく、質《しつ》、文《ぶん》に勝《か》てば則《すなわ》ち野《や》。文《ぶん》、質《しつ》に勝《か》てば則《すなわ》ち史《し》。文質彬彬《ぶんしつひんぴん》として、然《しか》る後《のち》に君子《くんし》なり。

（雍也第六―⑱）

子曰、質、勝文則野。文、勝質則史。文質彬彬、然後君子也。

子曰《ワク》、質、勝《テバ》レ文則《チ》野。文、勝《テバ》レ質則《チ》史。文質彬彬《トシテ》、然《ル》後《ニ》君子也。

語《ご》の意味《いみ》

質《しつ》↓人間《にんげん》が生《う》まれつき持《も》っている素朴《そぼく》な性質《せいしつ》で人間《にんげん》の中身《なかみ》のこと

文《ぶん》↓生《う》まれた後《のち》に身《み》に着《つ》けた知恵《ちえ》で人間《にんげん》の外見《がいけん》のこと

野《や》↓粗野《そや》（言動《げんどう》が荒《あら》っぽい）、あらい

史《し》↓昔《むかし》の中国《ちゅうごく》の役人《やくにん》が作《つく》った文章《ぶんしょう》、報告書《ほうこくしょ》で、内容《ないよう》がないのに表紙《ひょうし》や体裁《ていさい》を飾《かざ》りたてて作《つく》ったもの。そこから、中身《なかみ》のない誠実《せいじつ》さに欠《か》ける人《ひと》の代名詞《だいめいし》とされた

彬彬《ひんぴん》↓バランス（調和《ちょうわ》）がとれていること

❖四字熟語の「文質彬彬《ぶんしつひんぴん》」（外見と中身が程よく調和している）は、この章句からとったもの。

訳

先生がおっしゃった。「人は、中身が外見を越えると粗野になる。外見が中身以上であると、誠実さに欠ける人間となる。中身と外見のバランスがとれてこそ真の君子と言えるのである」と。

訳《やく》

先生《せんせい》がおっしゃいました。「中身《なかみ》は素晴《すば》らしいけれども外見《がいけん》を気《き》にかけない人《ひと》は、どことなく清潔感《せいけつかん》がなく、やんちゃな感《かん》じがするものです。反対《はんたい》に、中身《なかみ》はさっぱりで外見《がいけん》ばかり気《き》にしている人《ひと》は、どこか頼《たよ》りなく感《かん》じるものです。中身《なかみ》と外見《がいけん》の調和《ちょうわ》のとれた人《ひと》が、真《しん》の君子《くんし》と言《い》えるのです」と。

まとめ

人間《にんげん》は、外見《がいけん》と中身《なかみ》の調和《ちょうわ》のとれた人《ひと》になることが大切《たいせつ》なのだと述《の》べたものです。

私のひとり言

素朴さも悪くはないのだが、それのみに甘んじて外見を磨き上げなければ、繊細さに欠けた粗野な人間とみなされる。また、外見のみをいくら飾り立てて見かけを良くしたとしても人格形成が追い付かなければ意味がないのである。

男女の出会いを例に挙げると、わかりやすいかも知れない。

外見はスラッとしていて着こなしもよく、とても魅力的な人のように思われたのだが、いざ付き合ってみると、中身は教養のかけらも感じられなく、性格も善くない。つまり、外見と中身の余りの違いにウンザリしてしまったと言う話はよく耳にする。

人は外見が素晴らしいから素敵なのではなく、内面から滲み出る知性がそなわってこそ魅力的であることを知らねばなるまい。

子《し》曰《のたま》わく、之《これ》を知《し》る者《もの》は、之《これ》を好《この》む者《もの》に如《し》かず。之《これ》を好《この》む者《もの》は、之《これ》を楽《たの》しむ者《もの》に如《し》かず。

（雍也第六—⑳）

子曰、知之者、不如好之者。好之者、不如楽之者。

子曰《ワク》、知《ル》レ之《ヲ》者《ハ》、不レ如《カ》ニ好《ム》レ之《ヲ》者《ニ》一。好《ム》レ之《ヲ》者《ハ》、不レ如《カ》ニ楽《シム》レ之《ヲ》者《ニ》一。

語《ご》の意《い》味《み》

如《し》かず→およばない、かなわない

❖ここでの「之」とは、学問《がくもん》・音楽《おんがく》など、ある何《なに》かのたしなみを指《さ》す。

❖この章句は高校の教科書でも扱われている。

訳

先生がおっしゃった。『『知っている』というだけでは、『好きだ』という人にはおよばない。しかし、好きだという人も『楽しんでいる』という人にはおよばない』と。

訳《やく》

先生《せんせい》がおっしゃいました。「何《なに》かを知《し》っているだけの人《ひと》より、それを好《す》きになった人《ひと》にはかなわない。それを好《す》きになった人《ひと》よりも、それを楽《たの》しんでいる人《ひと》にはもっとかなわない」と。

まとめ

何事《なにごと》も、まずわかることから、そして、それが好《す》きになることへ、最後《さいご》は、それを楽《たの》しむことができたなら、なんと素晴《すば》らしいことかと述《の》べたものです。

私のひとり言

学問（勉強）について、先ず「知る」つまり、わかると言うことが第一段階。わかれば自ずと「好きになる」ものである。好きになればしめたもの。必ずや「楽しい」心境になり得る。そうなった時、学問の真の価値を感じることができるようになる。孔子は人が学ぶ上での心境の変化を「知る」こと、「好む」こと、「楽しむ」ことと並べることによって巧みに言い表しているのである。

社会人になってもまた然りである。自分に与えられた任務をしっかり理解すると、やがてそれが好きになっていくであろうが、それだけでは身につくものも知れている。その任務を楽しむ境地に至ることができてはじめて、仕事に対する取り組み方も変わってくるというものだ。

子曰《しのたま》わく、君子《くんし》は博《ひろ》く文《ぶん》を学《まな》び、之《これ》を約《やく》するに礼《れい》を以《もっ》てせば、亦《また》以《もっ》て畔《そむ》かざるべし。

（雍也第六-㉗）

子曰、君子博学於文、約之以礼、亦可以弗畔矣夫。

子曰《ワク》、君子博《ハク》学《ビ》ニ於文《ヲ》一、約《スルニ》レ之以《ヲテセバ》レ礼《ヲ》、亦可《シ》ニ以弗《テル》一レ畔《カ》矣夫。

語《ご》の意味《いみ》

博《ひろ》く→広《ひろ》く通《つう》じている　文《ぶん》→文芸《ぶんげい》や歴史《れきし》などの教養《きょうよう》　約《やく》する→役《やく》に立《た》つ、集約《しゅうやく》する、引《ひ》き締《し》める　礼《れい》→きまり、礼儀作法《れいぎさほう》、正《ただ》しい生活《せいかつ》の仕方《しかた》　畔《そむ》く→背《そむ》く、反《はん》する、離《はな》れる

❖四字熟語の「博文約礼《はくぶんやくれい》」（広く書物を読んで見識を高め、それを礼の実践によって役立たせる）は、この章句からとったもの。

❖この章句は、顔淵第十二・第十五章に全く同じものが出てくる。

❖日本の初代内閣総理大臣・伊藤博文《いとうひろふみ》の博文《ひろふみ》という名前は、この章句からとってつけたものだと言われている。

訳

先生がおっしゃった。「君子は広く書物を読んでよく学び、その知識を礼によって役立たせて行動するようにすれば、理想の道に反することはないであろう」と。

訳《やく》

先生《せんせい》がおっしゃいました。「立派《りっぱ》な人《ひと》とは広《ひろ》く学習《がくしゅう》し、さらにそれを社会《しゃかい》に役立《やくだ》たせる時《とき》に、礼儀《れいぎ》作法《さほう》を守《まも》れる人《ひと》のことです。そういう生《い》き方《かた》をしていれば、人《ひと》としての道《みち》をはずれることはないでしょう」と。

まとめ

君子《くんし》として求《もと》められるもの、それは知識《ちしき》のみならず、思《おも》いやりや規則《きそく》を守《まも》れる調和《ちょうわ》のとれた人《ひと》になることだと述《の》べたものです。

私のひとり言

現代社会においても、いくら学問に秀でていようが、人間性に欠けている者は役に立たない。ここで孔子が求めた人間像とは、順応性があって社会のために自分自身を活かせる心豊かな人間になるということではなかったか。

コラム⑥ 「寺子屋」とは

「寺子屋」とは、今の学校のようなところと考えればよいでしょう。

「学校」が日本に最初にできたのは、今からおよそ140年前で、それ以前は「寺子屋」と呼ばれていました。当初は江戸（今の東京）、大坂（今の大阪）、京都などの都市部に広がり、やがて全国に普及し、今から180年前の1830年代には、1万6千軒にも及んだといいますから驚かされます。

庶民を対象とした「寺子屋」では、僧侶をはじめ医者・書家・武士・職人といった様々な職業人が教師になってこども達を教育しました。勿論、『論語』の素読も行われていたことはいうまでもありません。

述《じゅつ》而《じ》第《だい》七《しち》

子《し》曰《のたま》わく、黙《もく》して之《これ》を識《しる》し、学《まな》びて厭《いと》わず、人《ひと》を誨《おし》えて倦《う》まず。何《なに》か我《われ》に有《あ》らんや。

（述而第七－②）

子曰、黙而識之、学而不厭、誨人不倦。何有於我哉。

子曰《ワク》、黙《シテ》而識《シ》レ之《ヲ》、学《ビテ》而不レ厭《ハ》、誨《エテ》レ人《ヲ》不レ倦《マ》。何《カ》有《ラン》二於我《ニ》一哉。

語《ご》の意味《いみ》

黙《もく》→沈黙《ちんもく》、口《くち》をきかない、だまる
識《しる》す→記憶《きおく》する、識別《しきべつ》する
厭《いと》う→嫌《いや》がる、嫌《きら》って避《さ》ける
誨《おし》える→教《おし》え諭《さと》す、教《おし》える
倦《う》む→飽《あ》きる、がっくりと疲《つか》れる、怠《おこた》る

❖博学多才な孔子の生き方を垣間見ることができる『論語』の中でも大切にしたい章句の一つである。

訳

先生がおっしゃった。「人の話を黙って聞いて記憶し、その聞いた話を更に学び直していくら勉強しても嫌になることはない。また、人に何度となく教えても決して疲れることもない。それ以外に私には何の取り柄があろうか（ありはしない）」と。

訳《やく》

先生《せんせい》がおっしゃいました。「黙《だま》って人《ひと》の話《はなし》を聞《き》き、自分《じぶん》がわかるまで勉強《べんきょう》しても飽《あ》きることはなく、人《ひと》に繰《く》り返《かえ》し教《おし》えても決《けっ》して嫌《いや》になることもない。この三《みっ》つ以外《いがい》に私《わたし》には何《なん》のとりえもないのだよ」と。

まとめ

生涯学《しょうがいまな》び続《つづ》けると言《い》う孔子《こうし》の一貫《いっかん》した精神《せいしん》を述《の》べたものです。

私のひとり言

孔子はいつの時も、やる気があって食らいついてくる弟子には、自分の知り得た全てを惜しむことなく教えることに、この上ない喜びを感じていたと言われているが、この章句における孔子の姿勢は教育者でもあった彼の偉大な一面を表しているような気がする。長年高校で教職についていた身にとって大いに共感できる章句である。

子曰《しのたま》わく、道《みち》に志《こころざ》し、徳《とく》に拠《よ》り、仁《じん》に依《よ》り、芸《げい》に遊《あそ》ぶ。

（述而第七－⑥）

子曰、志於道、拠於徳、依於仁、遊於芸。

子曰《ワク》、志《シ》二於道《ニ》一、拠《リ》二於徳《ニ》一、依《リ》二於仁《ニ》一、遊《ブ》二於芸《ニ》一。

語《ご》の意味《いみ》

道《みち》→人《ひと》として踏《ふ》み外《はず》してはいけない正《ただ》しい道《みち》
徳《とく》→人間《にんげん》としての正《ただ》しい考《かんが》え方《かた》や行《おこな》い、誠実《せいじつ》さ
仁《じん》→思《おも》いやり
拠《よ》る→すがる、たよる
依《よ》る→よりすがる、もたれかかる
芸《げい》→六芸《りくげい》（当時《とうじ》の教養《きょうよう》のこと）
遊《あそ》ぶ→好《す》きなことをして楽《たの》しむ

❖六芸《りくげい》とは、孔子が生きた古代中国で、学問をするうえで欠かすことのできない大切なこととされていたもの。

「礼《れい》」＝礼節（礼儀や挨拶、つまり礼儀作法）　「御《ぎょ》」＝馬術（馬車を操《あやつ》る技術）
「楽《がく》」＝音楽　「書《しょ》」＝文学・書道
「射《しゃ》」＝弓術（弓道）　「数《すう》」＝数学・算数

この六つを指し、これらをしっかり学んで身につけてこそ立派な大人と見なされていたのである。孔子は弟子達にこれらを厳しく指導したと言われている。

訳

先生がおっしゃった。「人としての正しい道を追い求め、それによって得られた誠実さを拠り所とし、仁の心に寄り添って、その上で豊かな教養の世界を大いに楽しみたいものだ」と。

訳《やく》

先生《せんせい》がおっしゃいました。「人《ひと》としての正《ただ》しい生《い》き方《かた》をめざしなさい、それによって得《え》た誠実《せいじつ》さをよりどころにしなさい、また、思《おも》いやりの心《こころ》を持《も》って生《い》きるように心掛《こころが》けなさい、そして、勉強《べんきょう》や習《なら》いごとを一生懸命頑張《いっしょうけんめいがんば》って、時《とき》にはスポーツなどもして大《おお》いに楽《たの》しみなさい」と。

まとめ

正義《せいぎ》を求《もと》め、思《おも》いやりの心《こころ》を身《み》につけて、勉強《べんきょう》やスポーツを楽《たの》しもうと述《の》べたものです。

私のひとり言

武力によって国家を統治しようとした戦乱の世にあって、力のみに頼るのではなく、心豊かな教養をも身につけなければならないという孔子の思いが述べられている点に着目すべきであろう。

子《し》曰《のたま》わく、三人《にん》行《おこな》えば、必《かなら》ず我《わ》が師《し》有《あ》り。其《そ》の善《よ》き者《もの》を択《えら》びて之《これ》に従《したが》い、其《そ》の善《よ》からざる者《もの》にして之《これ》を改《あらた》む。

（述而第七－㉑）

子曰、三人行、必有我師焉。択其善者而従之、其不善者而改之。

子曰《ワク》、三人行《エバ》、必有《ズリ》二我師《ガ》一焉。択《ビテ》二其善者《ノキヲ》一而従《イ》レ之《ニ》、其不《ノル》レ善《カラ》者《ニシテ》而改《ム》レ之《ヲ》。

語《ご》の意味《いみ》

三人《にん》→この中《なか》に己《おのれ》（自分《じぶん》）が入《はい》っていることを忘《わす》れないこと

行《おこな》う→実行《じっこう》する、行動《こうどう》する

師《し》→先生《せんせい》、手本《てほん》となる人《ひと》、人《ひと》を教《おし》え導《みちび》く人《ひと》

択《えら》ぶ→えらびとる、よいものをえらびとる

従《したが》う→見習《みなら》う、見倣《みなら》う

改《あらた》める→かえる、なおす、正《ただ》す

❖教科書にも扱われている章句で、日本の諺「人のふり見て我がふり直せ」（他人の行動を見て、良いところは見習い、悪いところは改めよ）とほぼ同じ意味と考えてよい。

訳 先生がおっしゃった。「三人で行動をすれば、その中に必ず自分の手本となるべき人がいるものだ。その善き人を選んで見習い、善くない人を見ては、自分にもその欠点がないかを反省し、改めるようにすればよいのだ」と。

訳《やく》 先生《せんせい》がおっしゃいました。「三人《さんにん》で一緒《いっしょ》に行動《こうどう》していれば、他《た》の二人《ふたり》から必《かなら》ず教《おし》えられることがあるはずで、良《よ》いところがあればそれを見習《みなら》えばいいし、良《よ》くないところがあれば自分《じぶん》の反省《はんせい》に役立《やくだ》てればよいのです」と。

まとめ

友達《ともだち》の悪《わる》いところが見《み》えたら、まず自分《じぶん》の中《なか》に同《おな》じように悪《わる》いところがないかを反省《はんせい》し、自分《じぶん》がそうならないように気《き》をつけようと述《の》べたものです。

私のひとり言

人は良きにつけ悪しきにつけ、他の人の影響を受けやすい。一流スポーツ選手の活躍を見れば、自分も諦めずに最後まで頑張ろうと思うであろう。反面、自己中心的で無責任な人に出会えば、あんな風にはなりたくないと思うものだ。

この章句を手本にして、今一度原点に立ち返り、自分をしっかり見つめ直す謙虚さを持ち続ける人間に育ってほしいと願うばかりだ。

子《し》、釣《つり》して綱《こう》せず。弋《よく》して宿《しゅく》を射《い》ず。

（述而第七－㉖）

子、釣而不綱。弋不射宿。

子、釣《シテ》而不レ綱《セ》。弋《シテ》不レ射レ宿《ヲ》。

語《ご》の意味《いみ》

子《し》→先生《せんせい》で孔子《こうし》のこと　釣《つり》→つり針《ばり》で魚《さかな》をつる、さそい出《だ》す　綱《こう》→つな、おおづな、はえなわ（一度《いちど》にたくさんの魚《さかな》を捕《と》る漁具《ぎょぐ》）のこと　弋《よく》→いぐるみ（矢《や》に糸《いと》をつけて、当《あ》たるとからみつくようにしたもの）のこと　宿《しゅく》→住《す》み家《か》　射《い》る→弓《ゆみ》の矢《や》などを放《はな》つ

❖この章句は孔子の直接の言葉ではない。弟子が孔子から、物を捕る時にも物を愛する心が大切だと教わったことを記しているのである。

訳

先生は魚釣りをされるが、はえ縄は使われなかった。また、飛ぶ鳥をいぐるみで捕らえることはあったが、ねぐらの鳥まで射とめることはしなかった。

訳《やく》

先生《せんせい》は釣《つ》りをされる時《とき》には、一本《いっぽん》の竿《さお》を使《つか》い、網《あみ》で捕《と》ることはしなかった。また、弓《ゆみ》で飛《と》ぶ鳥《とり》を射《い》とめることはあっても、巣《す》の鳥《とり》を射《い》とめることはしなかった。

まとめ

命《いのち》を持《も》つものへの思《おも》いやりの心《こころ》を述《の》べたものです。

私のひとり言

今から二千五百年程前の孔子が生きた時代、人が生きるためには魚や鳥を捕って生活していたことは言うまでもない。しかし孔子はそれらの生き物を一網打尽にはせず、必要最小限度の捕獲に留めたのである。そこには孔子の温かい愛情が読み取れる。考えさせられる一節だ。

人は命あるものを日々いただいて生きている。野菜や肉にも、みな命がある。

食事の前に「あなたの命をいただきます」と、時には心の中でつぶやいて命に感謝して食べるようにしたいものである。

子《し》曰《のたま》わく、仁《じん》遠《とお》からんや。我《われ》仁《じん》を欲《ほっ》すれば、斯《ここ》に仁《じん》至《いた》る。

（述而第七―㉙）

子曰、仁遠乎哉。我欲仁、斯仁至矣。

子曰《ワク》、仁遠《カラン》乎哉。我欲《スレバ》レ仁《ヲ》、斯仁《ニ》至《ル》矣。

語《ご》の意味《いみ》

仁《じん》→他者《たしゃ》に対《たい》する思《おも》いやり　斯《ここ》→即《すなわ》ち　至《いた》る→やって来《く》る、到着《とうちゃく》する

❖この章句を加地伸行氏は著書（『論語』講談社学術文庫出版）の中で、仏教の「発心直到《ほっしんじきとう》」（心にそう願った時、もうその境地に至っている）と類似していると記している。

訳

先生はおっしゃった。「仁とは遠く離れたところにあるものなのだろうか。（いや、そうではない）自身が仁を求めようと思えば、仁はすぐにやってくるものだよ」と。

訳《やく》

先生《せんせい》がおっしゃいました。「仁《じん》とは一体《いったい》、私達《わたしたち》の手《て》の届《とど》かない遠《とお》いところにあるものなのだろうか。そうではない。自分《じぶん》から進《すす》んで仁《じん》を求《もと》めるなら、仁《じん》はすぐ目《め》の前《まえ》にやってくるものなんだよ」と。

まとめ

仁《じん》（思《おも》いやり）を身《み》につけることは難《むずか》しいことではなく、優《やさ》しい人《ひと》になりたいと思《おも》ったときには、もう思《おも》いやりの気持《きも》ちは身《み》についていると述《の》べたものです。

私のひとり言

孔子は弟子に学問を究めることも大切だが、仁の心を持つことは更に大切だと事あるごとに話していた。

この章句は孔子晩年の頃に述べたものだと言われているが、あの孔門十哲といわれた優秀な弟子達をもってしても、どうしたら仁が己の身につくものなのかと頭を悩ませ続けていたようである。

子《し》、温《おん》にして厲《はげ》し。威《い》にして猛《たけ》からず。恭《きょう》にして安《やす》し。

（述而第七－㊲）

子、温而厲。威而不猛。恭而安。

子、温ニシテ而厲シ。威ニシテ而不レ猛カラ。恭ニシテ而安シ。

語《ご》の意味《いみ》

温《おん》→温厚《おんこう》、おだやか　厲《はげ》し→厳《きび》しい、激《はげ》しい　威《い》→威厳《いげん》、おどす、恐《おそ》れさす　猛《たけ》→たけだけしい、激《はげ》しい

恭《きょう》→うやうやしい、礼儀正《れいぎただ》しい、慎《つつし》み深《ぶか》い　安《やす》し→穏《おだ》やかで落《お》ちついている、ゆったりしている

❖高校の教科書にも扱われているこの章句は、孔子の言葉ではなく弟子が孔子の人柄を記したものである。

訳

先生の人柄は、温厚であるが時には厳しく、威厳はあるが決して相手を威圧するところがなく、丁寧で礼儀正しいが、堅苦しくはなく、落ち着いておられる。

訳《やく》

先生《せんせい》は、おだやかでいて、きびしさがあり、どうどうとしていて、やさしさがあり、きまじめ（とてもまじめ）なところもありますが、気《き》さくな人《ひと》（親《した》しみやすい人《ひと》）でした。

まとめ

先生《せんせい》が亡《な》くなられて、弟子達《でしたち》が生前《せいぜん》の先生《せんせい》の人柄《ひとがら》を偲《しの》んで述《の》べたものです。

私のひとり言

職場にこのようなバランスのとれたリーダーがいたら、どんなに素晴らしいことか。

ある程度の「近寄りがたさ」は必要だが、威圧感を与えるようでは部下は自由な発言ができなくなる。また、「礼儀正しさ」もリーダーには不可欠な要素ではあるが、度を超すと職場の雰囲気に盛り上がりが欠けてくる。この兼ね合いが実に難しいのである。

コラム7「世界の三大聖人」とは

皆さんは、世界の三大聖人とは誰のことを指しているか知っていますか。

聖人とは、全てに完成された神の領域の人のことをいいます。

世界の三大聖人は、インドの釈迦、中国の孔子、現イスラエルのベツレヘムに生まれたイエス・キリストのことです。釈迦は慈悲の心を説き、孔子は仁の心を説き、イエスは博愛の心を説いて、それぞれ人々を教え導いたのです。

泰《たい》伯《はく》第《だい》八《はち》

曾子《そうし》曰《い》わく、士《し》は以《もっ》て弘毅《こうき》ならざるべからず。任重《にんおも》くして道遠《みちとお》し。仁《じん》以《もっ》て己《おの》が任《にん》と為《な》す、亦重《またおも》からずや。死《し》して後《のち》已《や》む、亦遠《またとお》からずや。

曾子曰、士不可以不弘毅。任重而道遠。仁以為己任、不亦重乎。死而後已、不亦遠乎。

（泰伯第八－⑦）

曾子曰《ワク》、士《ハ》不レ可《カラ》三以《テ》不《ル》二弘毅《ナラ》一。任重《クシテ》而道遠《シ》。仁以《テ》為《ス》二己《ガ》任《ト》一、不《ヤ》二亦重《カラ》一乎。死《シテ》而後已《ム》、不二亦遠《カラ》一乎。

語《ご》の意味《いみ》

曾子《そうし》→孔子《こうし》の弟子《でし》　士《し》→りっぱな人《ひと》、道《みち》に志《こころざ》す人《ひと》　弘毅《こうき》→心《こころ》が広《ひろ》く意志《いし》が強《つよ》いこと　道《みち》→人《ひと》が守《まも》り行《おこな》うべき正《ただ》しい道理《どうり》　任《にん》→任務《にんむ》　己《おのれ》→自分《じぶん》、私《わたし》　已《や》む→終《お》わる

❖吉川幸次郎氏は著書（『論語』上下・朝日選書出版）で、「『論語』の中でも最もすぐれた章句の一つであろう」と述べている。

❖徳川家康の『東照《とうしょう》（公御《こうご》）遺訓《いくん》』に「人の一生は重荷を負うて遠き道を行くが如し。急ぐべからず。……」とあるが、この章句を参考にして生まれたものと言われている。

訳

曾子が言った。「道に志す者は心が広く意志が強くなければならない。なぜなら、その任務は重く、進むべき道のりは遥かに遠いからである。仁の道を推し進めるのを自らの任務とする。何と責任の重いことではないか。しかもそれは死ぬまで求め続けなければならない。またその道のりは何と遠いことではなかろうか」と。

訳《やく》

曾子《そうし》が言《い》った。「立派《りっぱ》な人《ひと》というのは、広《ひろ》い心《こころ》と強《つよ》い意志《いし》を持《も》たなければならない。なぜなら、その任務《にんむ》はとても重《おも》く、進《すす》むべき道《みち》のりは、はるかに遠《とお》いからです。最高《さいこう》の理想《りそう》である仁《じん》の心《こころ》を持《も》って、初《はじ》めてその任務《にんむ》を果《は》たすことができるのです。ほんとうに責任《せきにん》の重《おも》いことなのです。そして、その責任《せきにん》は死《し》ぬまで果《は》たし続《つづ》けなければならないのです。それもまたほんとうに長《なが》い長《なが》い道《みち》のりなのです」と。

まとめ

私達《わたしたち》の人生《じんせい》は「任重《にんおも》くして道遠《みちとお》し」なのです。優《やさ》しさと思《おも》いやりのある人間《にんげん》になるよう努力《どりょく》して、死《し》を迎《むか》える時《とき》に、ようやくその任務《にんむ》が終《お》わることになると述《の》べたものです。

私のひとり言

人間が「人間」として生きていくのは大変難しいことだ。生きていることを楽しむためには、己の心を強くし、「仁の道」を求め続けることが大切である。優しさと思いやりの心を育みながら己の人生を歩んでいると、いつか必ず「ああ、人として生まれてよかった。生きていてよかった」と感慨にふけることもあろう。

曾子の奥深い言葉を肝に銘じて生きていきたいものである。

子《し》曰《のたま》わく、狂《きょう》にして直《ちょく》ならず、侗《どう》にして愿《げん》ならず、悾《こう》悾《こう》にして信《しん》ならずんば、吾《われ》は之《これ》を知《し》らず。

（泰伯第八－⑯）

子曰、狂而不直、侗而不愿、悾悾而不信、吾不知之矣。

子曰ワク、狂ニシテ而不レ直ナラ、侗ニシテ而不レ愿ナラ、悾悾ニシテ而不ンバレ信ナラ、吾ハ不レ知ラレ之ヲ矣。

語《ご》の意味《いみ》

狂《きょう》→無法者《むほうもの》、常識外《じょうしきはず》れ、気《き》が大《おお》きい　直《ちょく》→正直《しょうじき》、素直《すなお》　侗《どう》→無知《むち》、幼《おさな》い、おろか　愿《げん》→素直《すなお》、まじめ、実《じっ》直《ちょく》　悾悾《こうこう》→誠意《せいい》のあるさま、愚直《ぐちょく》なさま　信《しん》→誠実《せいじつ》、正直《しょうじき》、まこと

❖確かに、こういう類《たぐい》の人間はいるのかも知れない。必ずしも理屈通りにいかない人間の癖《くせ》を孔子が指摘している点に注目したい。現代も二千五百年前も変わりない人間模様が伺い知れる章句ではなかろうか。

訳

先生がおっしゃった。「常識はずれで正直でない人。無知なくせに素直でない人。愚直なくせに誠実でない人。私はこういう人間をどうすればよいのかわからない」と。

訳《やく》

先生《せんせい》がおっしゃいました。「気《き》が大《おお》きいくせに正直《しょうじき》でなく、幼《おさな》いくせに素直《すなお》でなく、馬鹿正直《ばかしょうじき》なくせに真面目《まじめ》でない。私《わたくし》はこういう人《ひと》をどうしたらよいのかわからないんだよ」と。

まとめ

孔子《こうし》をもってしても、手《て》の施《ほどこ》しようがない（どうすることもできない）人《ひと》のことを述《の》べています。

私のひとり言

一般的には、常識外れな人（狂《きょう》）は正直（直《ちょく》）であり、無知な人（侗《どう》）は素直さがあるもの（愿《げん》）で、また、愚直な人（悾《こう》悾《こう》）というのは、誠実な性格（信《しん》）であると考えられている。

しかし、狂ではあるが直でない人。侗であるが愿でない人。悾悾なのに信でない人。こういう人間は成長が無理であろうから孔子をもってしてもどうすることもできないと言っているのだ。

人間「正直」で「素直」で「誠実」であることが、成長するための必要条件ということになるのではないかと私は思うのだが……。

子《し》曰《のたま》わく、学《がく》は及《およ》ばざるが如《ごと》くするも、猶《なお》之《これ》を失《うしな》わんことを恐《おそ》る。

（泰伯第八―⑰）

子曰、学如不及、猶恐失之。

子曰ワク、学ハ如クスルモレ不ルガレ及バ、猶恐ルレ失ワンコトヲレ之ヲ。

語《ご》の意味《いみ》

学《がく》→学問《がくもん》、学説《がくせつ》

及《およ》ぶ→去《さ》るものを後《あと》から追《お》いかけて追《お》いつくこと

猶《なお》→やはり、それでもなお

失《うしな》う→学問《がくもん》の目標《もくひょう》や方法《ほうほう》を見失《みうしな》うこと

❖孔子は『論語』の中で「学ぶ」とはどういうことなのかを度々説いているが、この章句もその一つで、学問の奥深さについて述べているのである。

訳

先生がおっしゃった。「学問する時、自分はまだまだ十分ではないという気持ちを持ち続けなさい。その上でなお、学んだことを忘れないように心掛けることが大切なのだ」と。

訳《やく》

先生《せんせい》がおっしゃいました。「学問《がくもん》（勉強《べんきょう》）というものは、追《お》いかけても、追《お》いかけても、追《お》いつけないばかりか、それでもなお、学《まな》ぶところを見失《みうしな》うという心配《しんぱい》があるものです」と。

まとめ

学問《がくもん》に終《お》わりはなく、人《ひと》は一生《いっしょう》学《まな》び続《つづ》けなければならないことを述《の》べたものです。

私のひとり言

学問（勉強）にせよ習い事にせよ、油断して多少なりとも怠けていると、あっという間に先を越され途方に暮れることは少なからずあるものだ。だからこそ、人は努力を惜しんではならないのである。

では、人はなぜ勉強するのか。単に成績をあげるためか。そうではない筈だ。勉強は豊かな人間性を育み、自分を高めるためにするのでなければ意味がない。学問と人間性は決して別物ではないことを肝に銘じ、日々の生活を実りあるものにしていきたいものだ。

コラム8 「坐禅」とは

皆さんは坐禅をした経験がありますか。本塾では北大寺の住職及び僧侶の指導のもと、最初の30分間坐禅を行っています。

坐禅とは、ただ無心に坐ること。つまり、無我の境地になることです。姿勢を整え（調身《ちょうしん》）、呼吸を落ち着け（調息《ちょうそく》）、心を静寂に保つ（調心《ちょうしん》）。これで身心が開放され、身体がスッと軽くなり、集中力を養うのに効果があるといわれています。曹洞宗の開祖・道元禅師も「ただ黙々と坐りなさい。坐禅自体がそのまま悟りなのです」と教えています。無心になることを楽しみましょう。

子《し》罕《かん》第《だい》九《く》

子《し》、川《かわ》の上《ほとり》に在《あ》りて曰《のたま》わく、逝《ゆ》く者《もの》は斯《かく》の如《ごと》きか。晝《ちゅう》夜《や》を舎《お》かず。

（子罕第九—⑰）

子、在川上曰、逝者如斯夫。不舍晝夜。

子、在リテ二川ノ上ニ一曰ワク、逝ク者ハ如キカレ斯ノ夫。不レ舎カ二晝夜ヲ一。

語《ご》の意《い》味《み》

川《かわ》の上《ほとり》→川《かわ》のほとり

逝《ゆ》く→行《い》く、進《すす》む

斯《かく》の如《ごと》き→このように、このような

舎《お》く→休《やす》める、とどめる

❖高校の教科書にも載っているこの章句は「川上《せんじょう》の嘆《たん》」（川《かわ》の畔《ほとり》での嘆《なげ》き）として知られる孔子晩年の有名な一節である。

❖鎌倉時代の鴨長明が書いた『方丈記』という随筆の冒頭に「ゆく川の流れは絶えずして、しかも、もとの水にあらず。よどみに浮かぶ水泡は、かつ消え、かつ結びて、久しくとどまりたるためしなし」という世の無常を嘆いた一節は、この章句に基づいていると言われている。

訳

先生が川のほとりに佇んでおっしゃった。「過ぎ行くものはこの川の流れのようであろうか。昼も夜もとどまることをしらない」と。

訳（やく）

先生《せんせい》がある時《とき》、川《がわ》のほとりで水《みず》の流《なが》れをじっと見《み》つめながらおっしゃいました。「過《す》ぎ去《さ》って帰《かえ》らぬものは、すべてこの川《かわ》の水《みず》のようであろうか。昼《ひる》も夜《よる》も、ひとときとして止《と》まることなく流《なが》れ去《さ》って行《い》く。人間《にんげん》もすべてこの川《かわ》のように過《す》ぎ去《さ》り、移《うつ》ろって行《い》くのであろうか」と。

まとめ

晩年《ばんねん》の孔子《こうし》の志《こころざし》を達成《たっせい》することができなかったなげきを述《の》べたものです。

私のひとり言

戦乱の世にあって十四年間、孔子は理想とする「仁」の政治を求めて流浪の旅を続けたが、ついに受け入れてくれる国はなかった。さすがの孔子をもってしても弱気になったのであろう。川辺でふと、ため息をついて「この川の流れのように、時は過ぎ去ってゆくのであろうか」と感慨に浸っていたとしても不思議はあるまい。

時は川の水の流れのようにとどまることがない。人もまたこの世に生まれ、死んでいく。自然の摂理である。

人の命とは何なのか。人の命と時の流れは、あっという間に消え去っていくもの。だからこそ、人は日々反省をし、向上しようとする努力を怠ってはならないのだ。

子曰《しのたま》わく、苗《なえ》にして秀《ひい》でざる者《もの》あり。秀《ひい》でて実《みの》らざる者《もの》あり。

（子罕第九―㉒）

子曰、苗而不秀者有矣夫。秀而不実者有矣夫。

子曰《ワク》、苗《ニシテ》而不《ル》レ秀《デ》者有《リ》矣夫。秀《デテ》而不《ル》レ実《ラ》者有《リ》矣夫。

語《ご》の意味《いみ》

苗《なえ》→人々《ひとびと》、もろもろの人々《ひとびと》

秀《ひい》でる→花《はな》が咲《さ》く

実《みの》る→みのる、みのり

❖この章句は孔子が、四十一歳の若さで亡くなった顔淵を惜しんで語った言葉だと言われている。

訳

先生がおっしゃった。「苗のうちは立派であったが、それっきりで花の咲かないものがあるなあ。また、花は咲いても、実を結ばないで終わってしまうものもあるなあ（それが、人というものか）」と。

訳《やく》

先生《せんせい》がおっしゃいました。「人《ひと》はどんなに素晴《すば》らしい才能《さいのう》を持《も》っていても、その才能《さいのう》を伸《の》ばす努力《どりょく》を怠《おこた》ったなら成長《せいちょう》はあり得《え》ません。また、ある程度《ていど》まで成長《せいちょう》できたとしても、更《さら》なる努力《どりょく》をしなければ最終的《さいしゅうてき》に実《み》を結《むす》ぶことはないのです」と。

まとめ

「苗《なえ》・花《はな》・実《み》」は勉強《べんきょう》している若者《わかもの》のことを例《たと》えて述《の》べているのです。

私のひとり言

「苗のうち」とは、成長する前の才能のことを引き合いに出したもの。しかし、それを育てる努力を怠れば花を咲かせることはできない。つまり、才能は花開かないのである。また、せっかく花を咲かせたとしても、更なる努力をしなければ実はならない。つまり、君子にはなり得ないのである。

人は生きている限り、これで良いという最終目標などない。生涯、自分に厳しく努力し続けることが必要なのだ。

自分の人生で実った実を手にするのは、あなたです。

子《し》曰《のたま》わく、後生《こうせい》畏《おそ》るべし。焉《いずく》んぞ来者《らいしゃ》の今《いま》に如《し》かざるを知《し》らんや。四十《しじゅう》五十《ごじゅう》にして聞《き》くこと無《な》くんば、斯《こ》れ亦《また》畏《おそ》るるに足《た》らざるのみ。

（子罕第九－㉓）

子曰、後生可畏。焉知来者之不如今也。四十五十而無聞焉、斯亦不足畏也已。

子曰《ワク》、後生可《シ》レ畏《ル》。焉《ンゾ》知《ランヤ》二来者之不《ルヲ》一レ如《カ》レ今《ニ》也。四十五十《ニシテ》而無《クンバ》レ聞《クコト》焉、斯《レ》亦不《ルノミ》レ足《ラ》レ畏《ルルニ》也已。

語《ご》の意味《いみ》

後生《こうせい》↓あとから生《う》まれる、若者《わかもの》、後輩《こうはい》、青年《せいねん》　畏《おそ》る↓恐《おそ》れる、おそれおののく、こわく思《おも》う　焉《いずく》んぞ↓どうして…か（反語形《はんごけい》）　来者《らいしゃ》↓自分《じぶん》より後《あと》に生《う》まれてくる者《もの》、後生《こうせい》　今《いま》↓この時《とき》、現在《げんざい》　如《し》かざる↓及《およ》ばない　足《た》る↓十分《じゅうぶん》に備《そな》わる、充実《じゅうじつ》している

❖「後生畏《こうせいおそ》るべし」（若者を侮ってはならない）は、原文では「後生可畏《こうせいかい》」と表記され、そのまま四字熟語になっている。

訳

先生がおっしゃった。「若者を侮《あなど》ってはならない。将来の彼らが、今の私（孔子）にどうして及ばないなどと言えるであろうか。ただ、彼らとて四十・五十の年になっても、うだつが上がらないようでは、それはもう恐れるに足らない」と。

訳《やく》

先生《せんせい》がおっしゃいました。「若者《わかもの》を馬鹿《ばか》にしてはいけないよ。将来《しょうらい》のある人間《にんげん》が、今《いま》の私《わたし》（孔子《こうし》）と比《くら》べものにならない等《など》とどうして言《い》えるだろうか。ただ、四十歳《さい》・五十歳《さい》になっても、身分《みぶん》がぱっとしないようでは、実際《じっさい》のところたいしたものではないと思《おも》うよ」と。

まとめ

若《わか》いうちにしっかり勉強《べんきょう》し、期待《きたい》される人《ひと》になるよう励《はげ》ましの言葉《ことば》を述《の》べたものです。

私のひとり言

一般的に人は、年上の人からは何かを学ぼうとするものだが、自分より年下の人を軽く見てしまいがちだ。しかし、青年こそ精神的にも肉体的にも精彩があり、無限の可能性を秘めているのもまた事実。

しかしその一方で、四十・五十になっても、芽が出ないようでは大したことはなく、恐れるに足らないと、孔子は言い切っているのである。

子曰《しのたま》わく、歳寒《としさむ》くして、然《しか》る後《のち》に松柏《しょうはく》の彫《しぼ》むに後《おく》るるを知《し》るなり。

（子罕第九―㉙）

子曰、歳寒、然後知松柏之後彫也。

子曰ワク、歳寒クシテ、然ル後ニ知ル二松柏之ノ後ルルヲ一レ彫ムニ也。

語《ご》の意味《いみ》

松柏《しょうはく》→松《しょう》は松《まつ》のこと、柏《はく》は桧《ひのき》のことで共《とも》に樹齢《じゅれい》の長《なが》い常緑樹《じょうりょくじゅ》であることから、人《ひと》の節操《せっそう》・長寿《ちょうじゅ》・繁栄《はんえい》にたとえる

彫《しぼ》む→しおれる、枯《か》れる、しぼむ、おとろえる

後《おく》るる→遅《おく》れて、あとになって、おそくなって

❖「歳寒松柏《さいかんしょうはく》」（冬の厳しい季節にも緑を保っている松や柏という意味から、逆境で苦しい状況でも、信念や志を変えない立派な人物）の例えとして述べられた四字熟語は、この章句からとったもの。

訳

先生がおっしゃった。「（夏場は気がつかないが）冬の寒い季節になってはじめて、松や柏の葉がいつまでも落ちずに緑を保って残っていることがわかる」と。（人間も不測の事態に陥って初めて、本当の価値がわかる）

訳《やく》

先生《せんせい》がおっしゃいました。「冬《ふゆ》の一番《いちばん》寒《さむ》い時《とき》が来《き》て、木々《きぎ》はみな枯《か》れてしまうけれども、松《まつ》や柏《ひのき》は一年中《ねんじゅう》、葉《は》が枯《か》れずに色《いろ》も変《か》わらないで残《のこ》っていることがわかるよ」と。

まとめ

松《まつ》や柏《ひのき》が冬《ふゆ》の雪《ゆき》にも負《ま》けず、美《うつく》しい緑《みどり》の葉《は》をつけているように、私達《わたしたち》も日頃《ひごろ》からイザという時《とき》のために、怠《なま》けずに一生懸《いっしょうけん》命《めい》努力《どりょく》することが大切《たいせつ》なのだと述《の》べたものです。

私のひとり言

私達は冬の厳しい寒さの中にあっても、美しい緑の葉を落とさずにつけている松や柏のような木を目にすることがある。人もまた同じで、普段は目立たなくても、緊急事態に陥ったときに示す適切な態度からその人の本質がわかるというもの。心したいものである。

子曰《しのたま》わく、知者《ちしゃ》は惑《まど》わず、仁者《じんしゃ》は憂《うれ》えず、勇者《ゆうしゃ》は懼《おそ》れず。

（子罕第九－㉚）

子曰、知者不惑、仁者不憂、勇者不懼。

子曰《ワク》、知者《ハ》不レ惑《ワ》、仁者《ハ》不レ憂《エ》、勇者《ハ》不レ懼《レ》。

語《ご》の意味《いみ》

惑《まど》わず↓迷《まよ》わない

憂《うれ》えず↓心配《しんぱい》しない

懼《おそ》れず↓恐《おそ》れない

❖憲問第十四・第三十章に、ほぼ同じ章句が出てくる。そこでは君子の生き方を述べている。勿論、この章句も君子のあるべき姿を述べていることに変わりはない。

訳

先生がおっしゃった。「真に物事を知っている人は判断力がすぐれているので迷うことがない。また、思いやりのある優しい人はクヨクヨせずいつも堂々としていて心にゆとりがあるので心配することがない。そして、真に勇気ある人は自信を持って行動するので何も恐れることがない」と。

訳《やく》

先生《せんせい》がおっしゃいました。「『知者《ちしゃ》』は道理《どうり》（あたりまえのこと）を知《し》っているので迷《まよ》うことはありません。『仁者《じんしゃ》』は道理《どうり》に従《したが》い、うまくやってのけるので心配《しんぱい》することはありません。『勇者《ゆうしゃ》』は強《つよ》い心《こころ》を持《も》っていて、きっぱりと行動《こうどう》するので心《こころ》はいつも静《しず》かでびくびくするようなことはないのです」と。

まとめ

知《ち》・仁《じん》・勇《ゆう》の三《み》つを兼《か》ね備《そな》えた人《ひと》こそが真《しん》の君子《くんし》であると述《の》べたものです。

私のひとり言

孔子は「知者」とは、単なる物知りではなく、学問をして知識が豊富で判断力のある人、「仁者」とは、思いやりがあり、心にゆとりのある人、「勇者」とは、強い意志を持って物事に立ち向かっていく人、と述べている。

つまり、すぐれた人物にはこの三つの要素がその心に宿っているのだということ。若者がそれに近づく努力を惜しんではならないことは言うまでもない。

講義及び坐禅風景

雑念を払って、ひたすら無我の境地

座席後ろの方は大人の塾生と保護者席 皆、真剣です

寺子屋・こども論語塾

坐禅が終わるといよいよ講義です

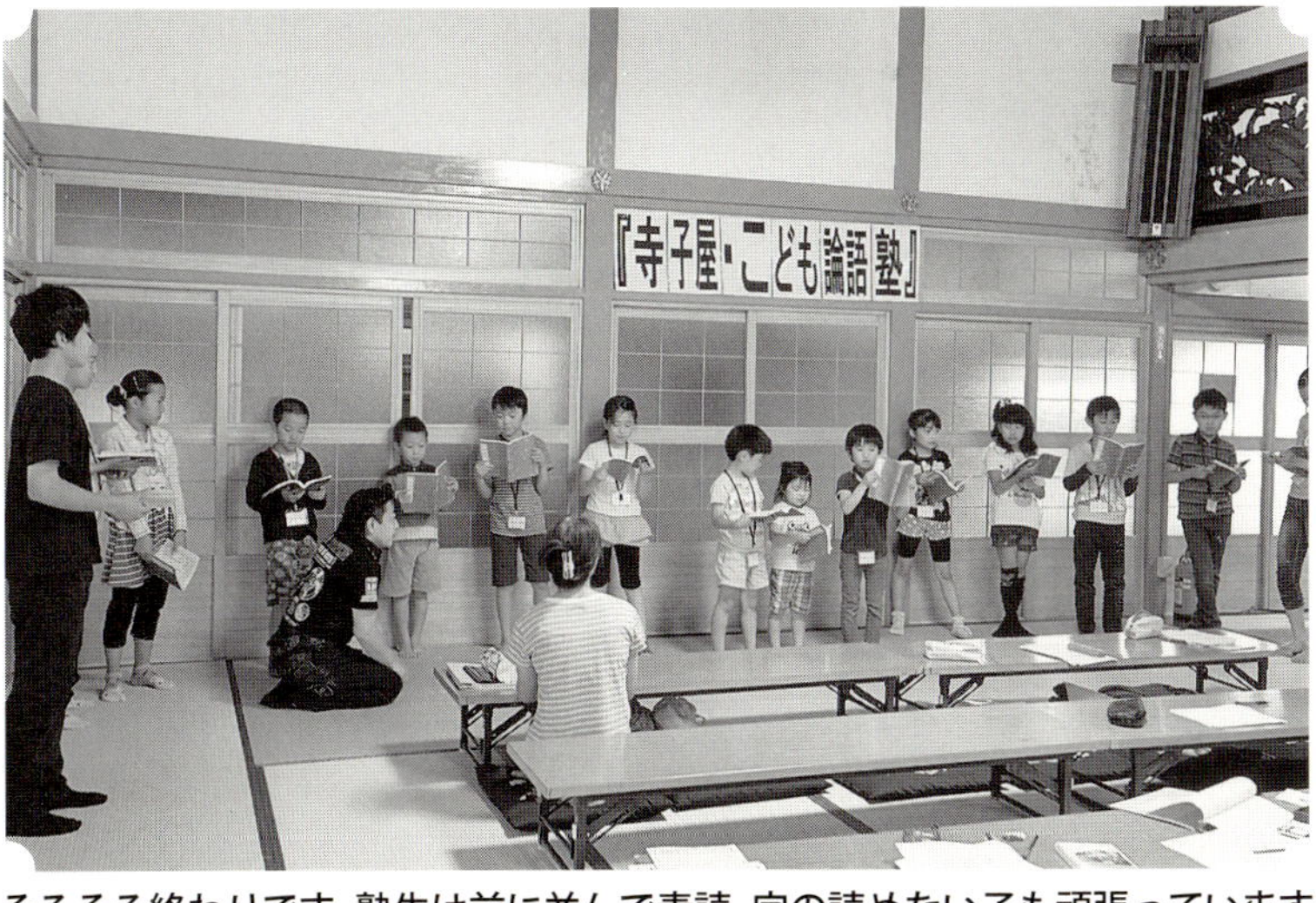

そろそろ終わりです 塾生は前に並んで素読 字の読めない子も頑張っています

おわりに

論語塾に集う幅広い年齢層の方にも受け入れられるように工夫しながら作成した「塾生・保護者向け補助テキスト」に、多少の手直しを加えてこの本が誕生しました。

坐禅の後、新たな気持ちで『論語』の素読に励む塾生達と同じように、この本を手にされた方々が一層『論語』に親しみを感じてくださると嬉しく思います。

『論語』に書かれている言葉は、どれも実に明瞭簡潔で、読む人によっていかようにも解釈できる点が魅力のひとつです。また、各々の章句が独立しているために、どの章句からも読める、つまり拾い読みが可能であるという点も忙しい現代にはピッタリです。更に、孔子は弟子の質問に対して通り一遍の答えではなく、個々の性格に応じて的確なアドバイスをしている点に理想の教師像を兼ね備えた孔子の一面を垣間見た気がします。

この本を通して、親子が感動を共有し絆を深めてくれることを希望し、学業に励む学生には、礼儀正しい規律ある積極的な人間への成長を願わずにはいられません。今一度、生きることの原点に立ち返って勉強し直したい大人の方も、たくさんのヒントをこの本から汲み取っていただけると確信しています。

本の出版に際しましては、安岡定子先生より「表紙の帯」にメッセージをお寄せいただきました。また、監修を快く引き受けてくださった旭川大学 佐野公平先生、慣れない編集作業に力を貸してくださった馬場康広様にも大変お世話になりました。心より厚くお礼申し上げます。

最後になりましたが、四年間に渡って厳しさの中にも人間味溢れる坐禅指導を賜りました北大寺、故近藤聖欣前住職のご冥福を心よりお祈り致します。

新田　修

参考文献

『論語』　金谷治　（岩波文庫）
『孔子』　金谷治　（講談社学術文庫）
『論語』　吉川幸次郎　（朝日新聞社）
『論語新釈』　宇野哲人　（講談社学術文庫）
『論語』の読み方　渋沢栄一　（三笠書房）
『論語に学ぶ』　安岡正篤　（ＰＨＰ文庫）
『論語』　加地伸行　（講談社学術文庫）
『中国古典1「論語」』　藤堂明保訳　（学習研究社）
『「論語」その裏おもて』　駒田信二　（旺文社文庫）
『新漢語林』　鎌田正・米山寅太郎　（大修館書店）
『大修館漢文学習ハンドブック』　田部井文雄・菅野禮行　江連隆・土屋泰男　（大修館書店）
『楽しい論語塾』　安岡定子　（致知出版社）
『論語』百章　岩越豊雄　（致知出版社）

著者略歴

新田　修 （にった おさむ）

1944年（昭和19年）北海道生まれ。1967年（昭和42年）駒澤大学文学部英米文学科卒業。北海高等学校に40年間勤務。在職中に弁論部顧問として25回生徒を全国大会に導き、優勝2回、準優勝3回を数える。2008年（平成20年）より、札幌グリーンライオンズクラブ主催「チビッ子弁論・こどもの声発表会」を企画運営し、以来回を重ねて第8回となる。現在、寺子屋・こども論語塾主宰。日本弁論連盟副会長。社会福祉法人　札幌からまつの会理事。

監修者略歴

佐野公平 （さの こうへい）

1948年（昭和23年）生まれ。1971年（昭和46年）3月桜美林大学文学部中国語中国文学科卒業。明朝時代の笑話の研究。中国笑話と日本の古典落語に関する比較研究。1972年（昭和47年）4月より2009年（平成21年）3月まで旭川大学高等学校で教鞭を執る。2007年（平成19年）4月より旭川大学非常勤講師も務め、現在に至る。

寺子屋・こども論語塾
日に日に新たに亦楽しからずや

発　行　2015年12月1日　初版第1刷
著　者　新田　修
監修者　佐野公平
発行所　株式会社 共同文化社
〒060-0033　札幌市中央区北3条東5丁目
電話　011-251-8078
http://kyodo-bunkasha.net/
印刷所　株式会社 アイワード

ISBN 978-4-87739-275-8　C0098